ÉLÉMENS
DE LA
GRAMMAIRE TURKE,
À L'USAGE DES ÉLÈVES
DE L'ÉCOLE ROYALE ET SPÉCIALE
DES LANGUES ORIENTALES
VIVANTES.

PAR P. AMÉDÉE JAUBERT,

CHEVALIER DE LA LÉGION D'HONNEUR, MAÎTRE DES REQUÊTES EN SERVICE EXTRAORDINAIRE, L'UN DES SECRÉTAIRES-INTERPRÈTES DU ROI POUR LES LANGUES ORIENTALES, PROFESSEUR DE TURK PRÈS LA BIBLIOTHÈQUE DU ROI, CORRESPONDANT DE L'INSTITUT ROYAL DES PAYS-BAS, &c.

PARIS,
IMPRIMERIE ROYALE.

1823.

AVERTISSEMENT.

FACILITER l'étude d'une langue parlée depuis les bords de la mer Glaciale jusqu'à ceux de l'Adriatique, en exposant avec clarté les principales règles de la grammaire de cette langue ; indiquer les motifs probables de ces règles, et éclaircir les préceptes par des exemples ; tel est l'objet constant de nos efforts dans le cours des leçons que nous sommes appelés à donner en public depuis près de vingt-trois ans ; tel est aussi le but que nous nous proposons en mettant au jour cet ouvrage, trop élémentaire sans doute pour les savans, mais dont la jeunesse studieuse, et les personnes qui s'occupent de la littérature orientale sous des rapports purement philologiques, éprouvent depuis long-temps le besoin.

Les grammaires turkes les plus estimées sont celles de Meninski, d'Holdermann, de Comidas, de Viguier et de Berlin. La première, destinée à servir d'introduction au dictionnaire si connu sous le nom de *Thesaurus linguarum Orientalium*, contient les principes généraux de l'idiome mixte qu'on écrit et qu'on parle à

Constantinople ; mais on reproche avec raison au savant auteur de cet ouvrage, d'avoir voulu réunir, dans une seule et même grammaire, les rudimens de trois langues essentiellement différentes entre elles, tant sous le rapport des origines, que sous celui des tours de phrase, du génie et des constructions.

Cet inconvénient, assez généralement senti, détermina la publication de la grammaire attribuée à Holdermann, et imprimée à Constantinople en 1730, sans nom d'auteur. Quoiqu'elle ne fût qu'un abrégé de celle de Meninski, qu'on y remarquât de choquantes incorrections de style, et que, confiée à des ouvriers inhabiles, l'exécution typographique n'en fût guère recommandable, la simplicité de la méthode d'Holdermann en assura le succès ; presque tous les exemplaires de cet ouvrage se répandirent dans les échelles du Levant, et il est devenu assez rare pour qu'on en desire généralement la réimpression.

Il n'en est pas de même des grammaires de Comidas et de Viguier : soit que, dans ces traités, estimables d'ailleurs, les principes élémentaires se trouvent développés avec trop d'étendue et de prolixité, soit que Comidas, et sur-tout Viguier, aient cru entrevoir dans le mécanisme de la langue turke des difficultés qui n'y existent pas, ou qu'ils se soient exagéré l'importance des anomalies existantes, il est certain que leurs grammaires sont d'autant moins lues, d'autant moins consultées, que, dans l'une (celle de Viguier), on a presque totalement négligé l'emploi des caractères orientaux, tandis que, dans l'autre (celle de Comidas), on a indiqué des règles de prononciation bonnes, tout au plus, pour des Espagnols ou pour des Italiens.

C'est ici le cas de dire un mot du système que nous avons cru devoir adopter pour la transcription des mots turks en caractères européens. Notre première pensée avoit été de rendre ces mots lettre pour lettre, afin de mettre le lecteur à portée de les rétablir aisément en caractères arabes ; mais indépendamment des embarras de tout genre que présentoit un tel mode de transcription, un motif particulier nous a portés à l'éviter; et ce motif est que, loin d'être fondée sur des règles exactes et précises, l'orthographe turke elle-même n'est point encore suffisamment fixée, et que, parmi les Ottomans les plus instruits, les uns écrivent les mots tartares comme on les prononce, tandis que les autres conservent une orthographe qui se rapproche de celle des anciens ouvrages turks écrits en caractères arabes ou en caractères ouïgours. Nous disons *les mots tartares;* car, pour ceux dont l'origine est évidemment arabe ou persane, tous les écrivains orientaux sont d'accord; ils les orthographient d'une manière identique, et, sous ce rapport du moins, aucune incertitude ne peut avoir lieu.

Cette difficulté de représenter la prononciation des mots, ce défaut de fixité dans l'orthographe, ont été pour nous l'objet d'un travail dont l'utilité seule pouvoit compenser l'ennui: ayant à choisir entre la prononciation du turk de Constantinople et de la Grèce, dont la douceur tend à s'accroître de jour en jour, et la prononciation du turk de l'Asie mineure, de la Tartarie et de la Perse, qui n'a rien perdu de ses sons gutturaux et de son âpreté primitive, nous avons cru devoir prendre un terme moyen, et nous avons tâché de représenter ces articulations de telle sorte, qu'un lecteur français pût prononcer d'une manière passablement intelligible, non-seulement dans la Turquie proprement dite, mais encore dans l'Asie septentrionale, et, pour ainsi dire, jusque sur les bords de la Léna.

Persuadés que si l'amour propre d'auteur est nuisible aux progrès des arts et des sciences, c'est surtout quand il s'agit d'ouvrages élémentaires, nous n'avons pas craint de mettre à contribution les grammairiens qui viennent d'être cités, et nous n'hésitons pas à reconnoître publiquement ce que nous devons sur-tout à Meninski et à Viguier. Nous n'avons pas des obligations moins grandes à notre confrère et notre ami M. Bianchi, secrétaire-interprète-adjoint au ministère des affaires étrangères, qui a bien voulu se charger de lithographier les essais qui sont à la suite de nos *Élémens.* Ce laborieux orientaliste s'occupe en ce moment d'une Chrestomathie turke, dans laquelle on trouvera réunis des passages extraits de divers historiens, poëtes et romanciers, des modèles de style épistolaire et des dialogues familiers. Nous accompagnerons son recueil de notes propres à aplanir les principales difficultés de la syntaxe turke, et nous ne négligerons rien pour lui imprimer, autant qu'il sera possible, le caractère d'utilité positive que le public est en droit d'attendre de toutes les personnes qui, par état, sont obligées de lui consacrer leurs veilles, les fruits de leurs voyages et les résultats de leurs travaux.

INTRODUCTION.

La langue turke est un dialecte du tartare, apporté par les Ottomans à Constantinople, en 1453. Avant et depuis cette époque, elle s'est accrue d'un grand nombre d'expressions tirées de l'arabe et du persan, que la religion musulmane, les besoins du commerce et les guerres fréquentes des Turks en Asie y ont introduites ; mais à la différence de ce qui se passa d'analogue dans nos idiomes européens, lorsqu'ils s'enrichirent, en se les appropriant, de cette foule d'expressions grecques et latines qu'on y retrouve à chaque instant avec des modifications plus ou moins grandes, la langue turke a reçu, sans les dénaturer, tous les mots étrangers destinés à représenter des idées nouvelles.

Par une conséquence naturelle des causes qui la produisirent, cette heureuse altération du langage national est plus sensible parmi les personnes lettrées que chez le bas peuple, et plus dans l'écriture que dans le discours ; d'où il suit que, pour parler et sur-tout pour écrire correctement le turk, il est à-peu-près indispensable d'avoir d'abord pris quelque teinture du persan, et particulièrement de l'arabe. En effet, c'est des Arabes que les Turks ont emprunté leurs caractères d'écriture, leur système de numération, tous les mots qui expriment des idées morales ou religieuses, et tous ceux qui sont relatifs aux sciences, aux lettres et aux arts, nomenclature très-étendue.

Considérée en elle-même, et d'après l'origine septentrionale des peuples nomades qui la parlèrent les premiers, il est certain que cette langue n'a, dans son génie, ses constructions et le tour de ses phrases, pas plus de rapport avec les deux autres, que l'allemand n'en a, par exemple, avec le français : mais il convient de dire que si la langue turke écrite est à quelques égards inférieure à celle de Mohammed, à laquelle elle doit la plupart des expressions qui la relèvent et l'ennoblissent, la langue turke parlée égale et surpasse peut-être le persan sous le rapport du nombre, de l'harmonie et de l'élégance, et qu'elle est l'une des plus belles et sans contredit la plus majestueuse de toutes celles de l'Orient.

Il faut néanmoins l'avouer, soit que le peu de temps qui s'est écoulé depuis le perfectionnement de cette langue jusqu'à nos jours n'ait pas permis qu'elle prît un caractère classique, soit que les mœurs et les habitudes des Turks les aient portés à dédaigner toute espèce d'étude autre que celle de leur religion, tout genre de gloire autre que celui des armes, ils comptent à peine quelques écrivains distingués ; ils n'ont aucun poëte comparable (sinon en mérite, du moins en célébrité) à Ferdoussy, à Saady, à Hafez ; aucun philosophe à mettre à côté d'Averroës et d'Avicenne ; ils ne peuvent se vanter d'aucune découverte ni même d'aucune observation un peu importante dans les sciences exactes ; et leur littérature ne se compose que d'un assez grand nombre d'ouvrages de théologie, d'histoire ottomane, de géographie, de médecine, et de quelques romans en prose ou en vers, traduits ou imités, en grande partie, du persan.

Mais si la langue turke est à peine susceptible d'intéresser les philologues et les savans qui s'occupent de l'histoire des temps modernes, elle offre, sous d'autres rapports, des avantages très-précieux, puisqu'elle est la seule langue diplomatique usitée dans le Levant ; la seule écrite et parlée dans les parties les plus reculées de l'empire, par les personnes revêtues d'un caractère public ; la plus utile aux personnes qui naviguent dans la mer Égée, la Propontide et l'Euxin ; à celles qui, dans le but d'assurer le succès de spéculations commerciales, ou de préparer de nouveaux progrès à notre industrie, voyagent dans toute la Turquie, soit européenne, soit asiatique, dans les provinces occidentales de la Perse, sur les bords de la mer Caspienne, et même à la cour de Téhéran, où le roi, les ministres et les agens du gouvernement de Perse ne parlent guère que le turk : enfin, et ceci n'est point une exagération orientale, il n'est pas douteux qu'avec le secours de cette langue, on peut se faire entendre depuis Alger jusqu'au Candahar, presque sur les frontières de l'Inde.

Il seroit absurde de supposer qu'une langue répandue sur un aussi grand espace, n'éprouvât pas, selon la diversité des lieux, de nombreuses variations d'idiomes; aussi le turk qu'on parle dans la Romélie, par exemple, diffère beaucoup de celui de la Natolie, et sur-tout du turk parlé dans les pays qu'arrose l'Halys, dans ceux que traverse l'Araxe, et dans les lieux où l'Euphrate et le Tigre prennent leur source: néanmoins, nous pouvons affirmer, d'après notre propre expérience, que cette différence n'est pas comparable à celle qui existe entre les dialectes du français dans quelques-unes de nos provinces. Il faut observer, d'ailleurs, qu'en Turquie, comme par-tout où des conquérans peu éclairés ont porté leurs mœurs et leurs lois, la langue primitive des habitans ne s'est point perdue. Ainsi le peuple parle l'arabe à Alger, à Tunis, en Égypte et en Syrie; divers dialectes du slave en Bosnie, en Illyrie, en Servie, en Bulgarie; le valaque au-delà du Danube; le grec en Morée, dans l'Archipel, à Constantinople et à Smyrne; enfin l'arménien et le kurde en Asie : et néanmoins, dans toutes ces contrées, on ne rencontre pas un homme tant soit peu instruit, qui n'entende et ne parle le turk. Mais c'est à Constantinople, centre des affaires de ce vaste empire, et sur-tout parmi les personnes de la cour et les dames turkes de cette capitale, qu'il faut chercher la pureté, la douceur et l'élégance du langage.

ÉLÉMENS
DE LA
GRAMMAIRE TURKE.

PREMIÈRE PARTIE.

CHAPITRE I.er

DE L'ALPHABET.

1. Les Turks se servent des caractères arabes, écrivent, par conséquent, de droite à gauche, et terminent leurs livres où nous commençons les nôtres.

2. Ces caractères n'offrent, au premier coup d'œil, que dix-sept formes primitives; mais à l'aide d'un, de deux ou de trois points placés au-dessus ou au-dessous de plusieurs d'entre eux, on complète le nombre de trente-trois lettres dont se compose l'alphabet turk.

3. Sur ces trente-trois lettres, il en est vingt-une qui sont communes aux langues arabe, turke et persane; six qui sont d'origine purement arabe et qui ne peuvent se

rencontrer que dans des mots dérivés de l'arabe ; une persane pure ; trois qui se rencontrent indifféremment dans des mots d'origine turke ou persane ; une arabe et persane, et une enfin qui est absolument turke et destinée à exprimer un son propre à la langue turke.

4. Voici les dix-sept caractères primitifs :

ا ب ح د ر س ص ط ع ف ك ل م ن و ه ى

ALPHABET TURK.

ORDRE DES LETTRES.	LETTRES arméniennes correspondantes.	NOMS des LETTRES.	ORIGINE des LETTRES.	FIGURES DES LETTRES isolées.	liées à la lettre précédente seulem.[1]	liées à la lettre précédente et à la suivante.	liées à la suivante seulem.[1]	VALEUR des LETTRES.	VALEUR NUMÉRIQUE.
1.	ա	الف Élif.	Commune aux trois langues.	ا	ـا	......	......	....	1.
2.	պ	بآء Ba.	*Idem.*	ب	ـب	ـبـ	بـ	B	2.
3.	փ	پا Pa.	Persane et turke.	پ	ـپ	ـپـ	پـ	P	.....
4.	թ	تآء Ta.	Commune aux trois langues.	ت	ـت	ـتـ	تـ	T doux.	400.
5.	ս	ثآء Sa.	Arabe.	ث	ـث	ـثـ	ثـ	S	500.
6.	ջ	جيم Djim.	Commune aux trois langues.	ج	ـج	ـجـ	جـ	Dj	3.
7.	չ	چين Tchin.	Persane et turke.	چ	ـچ	ـچـ	چـ	Tch	.....
8.	հ	حآء Ha.	Arabe.	ح	ـح	ـحـ	حـ	H dur.	8.
9.	խ	خآء Kha.	Arabe et persane.	خ	ـخ	ـخـ	خـ	Kh	600.
10.	դ et տ	دال Dal.	Commune aux trois langues.	د	ـد	......	......	D	4.
11.	զ	ذال Zal.	Arabe.	ذ	ـذ	......	......	Z	700.
12.	ռ et ր	رآء Ra.	Commune aux trois langues.	ر	ـر	......	......	R	200.
13.	զ	زآء Za.	*Idem.*	ز	ـز	......	......	Z	7.
14.	ժ	ژا Ja.	Persane.	ژ	ـژ	......	......	J	.....
15.	ս	سين Sin.	Commune aux trois langues.	س	ـس	ـسـ	سـ	S, Ç	60.
16.	շ	شين Chin.	*Idem.*	ش	ـش	ـشـ	شـ	Ch	300.

ORDRE DES LETTRES.	LETTRES arméniennes correspondantes.	NOMS des LETTRES.	ORIGINE des LETTRES.	FIGURES DES LETTRES isolées.	liées à la lettre précédente seulem.'	liées à la lettre précédente et à la suivante.	liées à la suivante seulem.'	VALEUR des LETTRES	VALEUR NUMÉRIQUE.
17.	ս	صاد Sad.	Commune aux trois langues.	ص	ـص	ـصـ	صـ	SS, Ç	90.
18.	զ	ضاد Zad.	Arabe.	ض	ـض	ـضـ	ضـ	Z	800.
19.	թ	طآء Ta.	Commune aux trois langues.	ط	ـط	ـطـ	طـ	T dur.	9.
20.	զ	ظآء Za.	Arabe.	ظ	ـظ	ـظـ	ظـ	Z	900.
21.	.....	عين Aïn.	*Idem.*	ع	ـع	ـعـ	عـ	.....	70.
22.	ղ	غين Ghaïn.	Commune aux trois langues.	غ	ـغ	ـغـ	غـ	Gh dur.	1000.
23.	ֆ	فآء Fa.	*Idem.*	ف	ـف	ـفـ	فـ	F	80.
24.	ք խ ղ et կ	قاف Qaf.	*Idem.*	ق	ـق	ـقـ	قـ	Q	100.
25.	կ	كاف Kief.	*Idem.*	ك	ـك	ـكـ	كـ	Ki	20.
26.	կ	كاف Ghief.	Persane et turke.	گ	ـگ	ـگـ	گـ	Ghi doux.	.....
27.	ն	صاغر نون Sâghir-noun.	Turke.	ڭ	ـڭ	ـڭـ	ڭـ	Ñ	.....
28.	լ	لام Lam.	Commune aux trois langues.	ل	ـل	ـلـ	لـ	L	30.
29.	մ	ميم Mim.	*Idem.*	م	ـم	ـمـ	مـ	M	40.
30.	ն	نون Noun.	*Idem.*	ن	ـن	ـنـ	نـ	N	50.
31.	վ	واو Waw.	*Idem.*	و	ـو	.....	.....	W, V	6.
32.	հ	هاء Hé.	*Idem.*	ه	ـه	ـهـ	هـ	H doux.	5.
33.	յ	ياء Ya.	*Idem.*	ی	ـی	ـیـ	یـ	Î, Ï, Y	10.

5. Cet alphabet est, comme on voit, divisé en dix colonnes : la première contient l'indication de l'ordre des lettres ; la deuxième, un alphabet arménien, dont l'utilité sera particulièrement appréciée par les personnes qui voudront correspondre en turk avec les Arméniens, nation dont les relations commerciales s'étendent sur toute la surface de l'Asie ; la troisième colonne contient les noms des lettres ; la quatrième, leur origine exposée ainsi qu'il vient d'être dit plus haut (n.° 3) ; la cinquième, la sixième, la septième et la huitième présentent les différentes formes sous lesquelles la même lettre peut s'offrir aux yeux du lecteur : ces formes ne sont pas tellement variées qu'il ne soit facile d'y reconnoître le caractère primitif. Le lecteur fera donc bien de porter d'abord toute son attention sur la cinquième colonne, qui présente les lettres isolées, puis de se familiariser avec les trois autres, qui offrent, 1.° la lettre unie avec celle qui la précède, 2.° unie avec celle qui la précède et celle qui la suit, 3.° enfin unie seulement avec celle qui la suit. L'ا *élif*, le د *dal*, le ر *ra*, les lettres dérivées de ces deux dernières et le و *waw*, ne sont pas susceptibles de se joindre à celles qui les suivent. La neuvième colonne présente la valeur de chaque lettre ; la dixième, le nombre qu'elle représente lorsqu'elle est employée comme chiffre, ce qui n'a lieu que rarement.

6. Les Turks, en adoptant les caractères arabes, et en appropriant à leur usage quelques-uns de ces caractères pour rendre certains sons particuliers à leur langue, n'ont conservé ni les fortes aspirations, ni les articulations singulières (telles que celles du ع *aïn* et du خ *kha*), qui donnent

tant de rudesse et d'aspérité à la prononciation des Arabes. Celle des Turks est en général douce, grave et harmonieuse, sur-tout dans le voisinage de la Grèce et dans les villes : ils évitent avec le plus grand soin les hiatus et toute espèce de dissonances ; en sorte que l'étranger qui veut apprendre à parler leur langue, doit, dans le doute sur la prononciation d'une lettre, préférer l'inflexion de voix la moins dure et la plus agréable à l'oreille.

CHAPITRE II.

DE LA VALEUR DES LETTRES.

7. L'ÉLIF ا n'a point en turk de valeur qui lui soit propre : il est destiné à indiquer la présence d'une voyelle, à-peu-près comme notre *h* dans les mots *homme, heureux*, ou à former diverses diphthongues, lorsqu'il est suivi d'une des lettres و *waw* et ى *ya*. Ces diphthongues sont :

1.° او qu'on prononce *O*, comme dans اولمق *olmaq*, être; *U*, comme dans اوزم *uzum*, raisin ; *EV*, comme dans او *ev*, maison ; 2.° اى qu'on prononce *I* dans ايران *Irân*, la Perse; *AÏ* dans آى *aï*, lune, mois ; *EÏ* dans ايو *eïu*, bon. L'étude de la langue et l'usage peuvent seuls apprendre les diverses prononciations de ces diphthongues.

8. Le ب, pris isolément, se prononce *B ;* mais à la fin des mots, et quelquefois avant ou après une des lettres suivantes, il se prononce *P*. Ces lettres sont, ت ث ج خ س ش ص ط ف ق ك ; ex. ابتداء *iptidâ*, au lieu de *ibtidâ*,

commencement ; شبپره *cheppereh*, au lieu de *chebpereh*, chauve-souris, &c. Ce changement a souvent lieu dans l'écriture comme dans le discours; ex. اولوپ *oloup*, au lieu de اولوب *oloub*, ayant été.

9. Le پ répond à notre *P* ; ex. پاشا *pâcha*.

10. Le ت se prononce *T* ; ex. تمام *temâm*, entièrement. Il se change quelquefois en د dans la déclinaison des noms (*voyez* le Paradigme), et dans la dérivation comme dans la conjugaison des verbes. Ex. كتمك *ghitmek*, aller; كدلمك *ghidilmek* et non كتلمك *ghitilmek*, s'en aller; ايتمك *itmek*, faire ; ايدەلم *edelum* et non ايتەلم *etelum*, faisons, &c.

11. Le ث se prononce *S* ; ex. اثواب *asvâb*, habillemens.

12. Le ج correspond au *Dgé* italien, tel qu'on le prononce dans les mots *giardino*, *gioja* ; ex. جكر *djegher*, foie. Il se change en چ après les lettres ci-dessus mentionnées (n.° 8) ; ex. تفنكچى *tufenktchi* et non تفنكجى *tufenkdji*, fusilier.

13. Le چ équivaut au *Tché* des Italiens dans les mots *ciarlare*, *cecità* ; ex. چلبى *tchelebi*, petit-maître.

14. Le ح indique une aspiration égale à celle de notre *h* dans le mot *hardi* ; ex. حافظ *Hâfiz*, nom d'un poëte célèbre.

15. Le خ s'aspire un peu plus fortement que le ح ;

le son de cette lettre ne peut être comparé, dans nos langues européennes, qu'à celui du *xota* espagnol et du *ch* allemand, mais en adoucissant beaucoup l'aspiration ; ex. خوش *hôch,* qu'on prononce souvent *hôch,* bon, beau.

16. Le د se prononce *D ;* ex. دوه *deveh,* chameau : mais à la fin des mots et après une des lettres mentionnées plus haut (n.° 8), on appuie un peu sur la prononciation de cette lettre, qui devient alors *T ;* ex. كاغد *kiâghit* et non *kiâghid,* papier; كتدى *ghitti* et non *ghitdi,* il alla.

17. Le ذ se prononce *Z*, comme le ز, le ض, et le ظ ; ex. ذلك *zalika,* cela ; et c'est ici le lieu de faire remarquer de nouveau (n.° 3) que cet emploi de plusieurs lettres pour représenter une seule et même articulation, provient de la différence des origines. En effet, dans la langue arabe, ces quatre lettres ne se prononcent pas exactement de la même manière. Au Caire, le ذ se prononce *dz ;* en Syrie le ض et le ظ répondent au *d* plus fortement articulé que le *d* français, ou avec une sorte d'articulation emphatique ; à Constantinople, nous le répétons, cette différence de prononciation est totalement inconnue.

18. Le ر revient à notre *R ;* ex. ويرمك *virmek,* donner.

19. Le ز se prononce comme notre *Z* français dans le mot *zèle ;* ex. زنكين *zenghîn,* riche ; زلف *zulf,* boucle de cheveux.

20. Le ژ équivaut à notre *J,* auquel il ressemble même par sa forme; ex. ژيوه *jîveh,* mercure (substance minérale).

21. Le س est notre *S*; ex. سومك *sevmek*, aimer; سوس اولمق *sous olmaq*, se taire.

22. Le ش représente l'articulation *CH* dans le mot français *cheval*; ex. شهر *chehr*, ville; طاش *tâch*, pierre.

23. Le ص diffère peu du س sous le rapport de la prononciation; cependant cette lettre représente une articulation en quelque sorte emphatique, ainsi que l'a remarqué M. de Sacy (*Gram. ar.* pag. 20); ex. صورمق *sôrmaq*, demander; صواب *savâb*, bonnes œuvres.

24. Le ض est égal au ز (n.° 17); ex. ضيافت *ziâfet*, hospitalité; راضى *râzi*, consentant.

25. Le ط se prononce *T*, comme le ت; ex. طوب *top*, canon; طوتمق *toutmaq*, tenir. De même que cette dernière lettre, il se change souvent en د, et ce changement a lieu dans l'écriture comme dans le discours; ex. طورمق ou دورمق *dourmaq*, rester; طاغ ou داغ *dâgh*, montagne. Néanmoins, dans les mots d'origine arabe, le ط conserve sa prononciation emphatique; ex. طرف *taraf*, côté; طول *toul*, longueur.

26. La prononciation du ظ est, ainsi qu'il vient d'être dit (n.° 17), la même en turk que celle du ز et du ض; ex. ظاهر *zâhir*, apparent, apparemment.

27. Le ع est une lettre d'origine arabe (1), dont la

(1) Nous ne connoissons que très-peu de mots d'origine persane où l'emploi du ع ait lieu comme radical.

prononciation en turk est à peine sensible; elle ne produit souvent d'autre effet que la réduplication de la voyelle qu'elle supporte; ex. معلوم *ma'aloum*, connu; مطبوع *matbou'ou*, imprimé; اعلام *i'ilâm*, notification. La présence de cette lettre sera indiquée, dans cet ouvrage, par une apostrophe.

28. Le غ se prononce un peu moins fortement que l'*r* grasseyée des Provençaux: nous le représenterons par le *GH* emphatique; ex. اغا *agha*, seigneur; باغلمق *bâghlamaq*, lier. La prononciation de cette lettre a beaucoup d'analogie avec celle du ق, dont il va être question ci-après (n.° 30).

29. Le ف répond exactement à notre *F*; ex. فرمان *fermân*, ordre, édit; افندی *efendi*, docteur, maître, seigneur (1).

30. Le ق indique une articulation à-peu-près semblable à celle de notre *Q* (2); ex. باقمق *bâqmaq*, regarder; قورقمق *qorqmaq*, craindre. Cette lettre se change souvent en غ par euphonie, dans les cas indiqués ci-dessus (n.° 10); ex. پرمق *parmaq*, doigt; پرمغك gen. *parmaghuñ*, du doigt: ce changement a lieu dans l'écriture comme dans le discours.

31. Le ك répond à notre *K*, le plus souvent suivi d'un *i*; ex. كتاب *kitâb*, livre; كمر *kieumur*, charbon; ملوكانه *mulukiâneh*, royal.

---

(1) Le premier de ces mots est persan; le second est dérivé du grec Αὐθέντης.

(2) Quelque répugnance que nous éprouvions à employer cette lettre dépourvue de l'*u* qui la suit presque toujours, nous pensons que, jusqu'au moment où une ortho-

32. Le ڭ n'exprime, ainsi que l'identité de sa forme avec celle de la précédente lettre l'indique (1), qu'un adoucissement du ك ; on le prononce *GH* et le plus souvent *GHI ;* ex. ڭلمك *ghelmek,* venir ; سودڭم *sevdughium,* ce que j'aime.

33. Le ڭ, que les Turks appellent صاغر نون *sâghir-noun,* noun sourd, représente un son nasal propre à la langue turke, et qu'on peut comparer à notre *gn* dans le mot *Charlemagne ;* cette nunnation est particulièrement sensible au milieu et à la fin des mots, où elle indique souvent le génitif d'un nom ou le pronom personnel de la seconde personne du singulier. Nous ne connoissons pas d'exemples de mots commençant par cette lettre, que nous rendrons par *Ñ*. Ex. دڭز *deñiz,* la mer ; باباڭ *bâbañ,* ton père.

34. Le ل, le م et le ن sont parfaitement représentés par nos lettres *L, M, N ;* ex. لر *ler* (signe du pluriel) *;* ادم *adem,* homme *[homo] ;* نه *neh,* quoi? lequel!

35. La prononciation du و est égale à celle du *V* ou du *W* prononcé à la manière des Anglais ; néanmoins il n'est pas rare de l'entendre articuler comme un *O.* Le mot قورقو *qorqou,* crainte, présente un exemple de cette double prononciation.

36. Le ه est un *H* doucement aspiré ; ex. همايون *humâïoun,*

---

graphe quelconque aura été généralement adoptée pour les mots orientaux, il faut s'en tenir à la désignation la plus simple.

(1) Les trois points du *ghef* et du *sâghir-noun* sont souvent omis dans l'écriture courante, et même dans la plupart des pièces diplomatiques et des manuscrits.

fortuné, auguste; هنر *huner*, talent, mérite (1): cette aspiration est à peine sensible à la fin des mots.

37. Nous représenterons le ى par l'*I* simple toutes les fois qu'il sera bref, soit au milieu, soit à la fin des mots; par l'*Î* circonflexe, lorsque l'articulation de cette lettre pourroit se confondre avec celle de la précédente, ou de la suivante; et par l'*Ï* tréma, toutes les fois que le ى devra être articulé isolément. Ex. قيش *qich*, hiver; يل *il*, pays; يمك *ïemek*, manger; سراى *seraï*, palais (2).

38. Le لا *lam-élif* n'est point une lettre, mais la réunion du ل et de l'ا; il ne trouve place dans nos observations sur l'alphabet, que parce que la forme de cette réunion peut quelquefois être assez difficile à reconnoître dans l'écriture: on le prononce ordinairement *LA* dans les mots d'origine turke.

39. La valeur numérique des lettres employées comme chiffres, tient à l'ancienne disposition de l'alphabet arabe. Les Turks appellent cette ancienne disposition ابجد *aboudjed;* elle est représentée par les huit mots suivans, qui sont fictifs et n'ont aucune espèce de signification:

أَبْجَدْ هَوَزْ حُطِّي كَلَمَنْ سَعْفَصْ قُرِشَتْ ثَخَذْ ضَظَغْ

On se sert quelquefois de ces lettres pour exprimer des nombres, comme nous nous servons des majuscules romaines.

(1) Il est très-vrai, comme le dit Montesquieu *(livre III, chapitre 8)*, qu'on n'a point, dans les états despotiques, de mot pour exprimer ce que nous entendons par *honneur;* néanmoins il est assez remarquable que ce mot soit lui-même dérivé du persan.

(2) Nous suivrons, par analogie, la même règle pour représenter la prononciation de l'*élif* ا et du *waw* و.

romaines. Les lettres turkes ou persanes, ajoutées à l'alphabet arabe, n'ont point de valeur numérique.

CHAPITRE III.

DES VOYELLES ET AUTRES SIGNES QUI RÈGLENT LA PRONONCIATION.

40. Les Turks n'ont que trois voyelles, qu'ils nomment اوستن *ustun,* اسره *esreh,* اوترو *uturu.*

La première, indiquée par un trait horizontal placé *au-dessus* de la lettre, se prononce *A* ou *E.* Ex. آو *âv,* chasse; أو *ev,* maison.

La deuxième, indiquée par le même trait placé *au-dessous* de la lettre, se prononce *I.* Ex. إستمك *istemek,* vouloir.

La troisième, représentée par le signe ٗ placé *au-dessus* de la lettre, se prononce *U.* Ex. بُتُون *butun,* tout, la totalité.

41. Notre voyelle *O* est très-souvent représentée en turk par le و *waw* isolé, ou par l'ا *élif* surmonté d'un ٗ *uturu* et suivi d'un و *waw.* Ex. او *o,* lui.

42. On rencontre souvent, dans des formules arabes, cette espèce de signe, auquel les grammairiens orientaux donnent le nom de تنوين *tanwîn,* et dont l'objet est d'indiquer qu'une voyelle doit être prononcée comme si elle étoit suivie d'un ن. Ce signe se forme par le redoublement de la voyelle. Ex. بِنَاءً عَلَى ذَلِكَ *binâan a'la zalika.* Nous nous dispenserons de donner la table de la prononciation

de chaque lettre affectée de sa voyelle ; le lecteur studieux suppléera facilement à cette omission : la règle ci-dessus posée (n.° 40) est générale et sans exception.

43. Les Turks ont emprunté des Arabes quatre signes pour régler la prononciation des mots.

Le premier est le جَزْم *djezma,* qu'on figure ainsi ْ, et dont l'objet est d'indiquer que la consonne qui le porte n'est affectée d'aucune voyelle. Ex. اِرْ *er,* homme *[vir],* ايتْمكْ *itmek,* faire.

Le deuxième est le تَشْدِيد *techdid* (ّ), qui marque la réduplication de la lettre. Ex. يا رَبِّى *ïa rabbi,* ô mon Dieu.

Le troisième est le هَمْزَه *hamza* (ء), qui communique à l'*élif* une prononciation assez semblable à celle du *aïn,* et qui remplace quelquefois la première de ces lettres. Ex. سؤال *su'âl,* demande ; دأب *da'b,* coutume. Ce signe exprime également l'annexion grammaticale connue sous le nom de اضافت لفظيه *izâfet lafzïeh,* dont il sera question dans la deuxième partie de cet ouvrage.

Le quatrième signe est le مَدَّه *medda* (~), qui sert à alonger la prononciation de l'*élif :* on peut le comparer à notre accent circonflexe. Ex. آلاى *âlaï,* troupe; آشجى *âchdji,* cuisinier ; آخور *âkhôr,* écurie.

44. Les signes caractéristiques des voyelles, et ceux qui ont pour objet de régler la prononciation des mots, sont omis dans la plupart des manuscrits turks.

CHAPITRE IV.

DE L'ARTICLE ET DU NOM.

45. Les Turks n'ont aucun article déterminatif ou défini correspondant à *le, la, les*; ils ne connoissent que l'article indéfini بر *bir*, *un* ou *une*. Ils n'ont qu'un genre, tant pour les noms substantifs que pour les adjectifs; ainsi ils disent كوزل ار *ghuzel er*, bel homme; كوزل عورت *ghuzel a'vret*, belle femme; كوزل او *ghuzel ev*, belle maison. Pour préciser les distinctions des sexes, ils ont recours à des noms, tels que اوغل *oghl*, fils, قز *qiz*, fille, quand il s'agit d'êtres doués de raison; اركك *erkek*, mâle, دشی *dichi*, femelle, quand il est question des animaux.

46. Ils n'ont que deux nombres, le singulier et le pluriel. Même dans les mots empruntés de l'arabe, ils ne font aucun usage du duel, si ce n'est dans quelques formules d'usage, telles que حرمين شريفين *haremeïn-cherîfeïn*, les deux villes saintes et nobles (1).

Le pluriel se forme du singulier, par la simple addition de la particule لر qu'on prononce *ler* ou *lar*. Ex. بكلر *beghler*, les princes; قزلر *qizlar*, les filles.

Cette particule s'ajoute, soit aux mots qui sont d'origine turke, soit à ceux que les Turks ont tirés de l'arabe ou du persan; néanmoins il n'est pas rare d'entendre les personnes lettrées faire usage des pluriels arabes ou persans.

(1) Jérusalem et la Mekke.

47. Les Turks ont six cas, qui sont:

Le nominatif,	اَلْمُبْتَدَآءْ	le terme par lequel on *commence.*
Le génitif,	اَلْاِضَافَةُ	le terme qui indique l'*annexion.*
Le datif,	اَلْمَفْعُولُ لِأَجْلِهِ	le terme à *cause duquel* l'action a lieu.
L'accusatif,	اَلْمَفْعُولُ بِهِ	le terme qui exprime le *complément objectif* de l'action.
Le vocatif,	اَلْمُنَادِى	le terme par lequel *on appelle.*
L'ablatif,	اَلْمَفْعُولُ مَعَهُ	le terme *avec lequel* l'action a lieu (1)

Ces cas se forment de la manière suivante; savoir:

Le génitif, par l'addition au nominatif de la lettre ڭ qu'on prononce *ñ.*

Le datif, par l'addition de la lettre ه qu'on prononce *hé* ou *ha.*

L'accusatif, par celle de la lettre ى qu'on prononce *i.*

Le vocatif, en faisant précéder le nominatif par une des interjections suivantes: يا *iâ,* اى *aï,* بهى *beheï,* بره *breh,* ô!

---

(1) Cette définition de l'ablatif, par les grammairiens turks, nous paroît manquer de justesse, puisque la conjonction *avec* exige ordinairement l'emploi du génitif, en turk, et de l'accusatif, en arabe. (M. de Sacy, *Gramm. ar.* tom. II, pag. 96.)

L'ablatif, par l'addition au nominatif de la particule دن, qu'on prononce *ten* après les lettres ت ث ج خ س ش ص ط ف ق ك, et *den* après toutes les autres (n.° 8).

48. Les terminaisons des cas sont au pluriel les mêmes qu'au singulier.

49. Les grammairiens sont dans l'usage de reconnoître dans la langue turke l'existence de deux déclinaisons : la première comprenant tous les mots qui se terminent par une consonne ; la deuxième, ceux qui se terminent par une des lettres ا و ه ى considérées comme voyelles. La simple énonciation de cette règle donne lieu de soupçonner que la différence établie entre la première et la deuxième déclinaison est plus apparente que réelle, et qu'elle tient à l'euphonie. C'est ce que l'expérience démontre pleinement, ainsi qu'on pourra s'en convaincre par un examen attentif du paradigme ci-joint, dans lequel nous avons réuni et placé en regard divers noms de la première et de la deuxième déclinaison.

50. Il résulte évidemment de ce paradigme,

1.° Que le nominatif, l'accusatif, le vocatif et l'ablatif sont les mêmes pour les mots terminés par une consonne, que pour ceux qui se terminent par une des lettres ا و ه ى ;

2.° Que la seule différence qu'il y ait entre les premiers et les seconds, consiste en ce que, dans ceux-ci, le génitif prend un ن, et le datif un ى, devant le ڭ et le ه, lettres caractéristiques de ces cas ; mais, ainsi que nous l'avons dit plus haut (n.° 49), ce ن et ce ى ne sont et ne peuvent être intercalés ainsi que par euphonie : loin de détruire la règle, cette exception la confirme, puisqu'elle prouve qu'en conservant ces caractéristiques, on a voulu seulement éviter les hiatus ou les articulations désagréables à l'oreille;

3.° Que les pluriels sont tous uniformes et réguliers.

51. La simplicité du système des déclinaisons turkes est telle, qu'au moyen des règles ci-dessus posées, on peut décliner sans difficulté, non-seulement tous les mots turks en général, mais encore la plupart de ceux qui, tirant leur origine du persan ou de l'arabe, peuvent se rencontrer dans la langue turke ; d'où il suit qu'on peut et qu'on doit ranger tous les noms dans une seule et même déclinaison.

CHAPITRE IV.

DES DEGRÉS DE COMPARAISON.

52. Pour former le comparatif, en turk, on emploie la forme latine, qui consiste à mettre à l'ablatif le nom auquel on compare. L'adjectif reste toujours indéclinable ; ainsi l'on dit آندن بیوك *ânden büiuk*, plus grand que lui, *major illo;* بالدن طاتلو *bâlden tâtlu*, plus doux que le miel, *melle dulcius.*

53. On se sert encore pour le même objet, et sans déroger néanmoins à la règle précédente, de certains adverbes qu'on peut appeler en turk, comme dans presque toutes les langues, adverbes comparatifs ; tels sont دخی *dakhi* ou *daha,* encore, encore plus ; چوق *tchoq*, beaucoup, beaucoup plus ; پك *pek*, très, fort, &c. Ex. دخی اوزون *dakhi* ou *daha*

oüzoun, plus long ; بوندن چوق اينلو *bounden tchoq einlu*, beaucoup plus large que celui-ci ; احمددن پك شجاعتلو *Ahmetten pek chedja'atlu*, beaucoup plus brave qu'Ahmed.

54. Le comparatif, destiné à exprimer la diminution, ou plutôt à donner une idée plus foible mais plus gracieuse du nom adjectif, se forme par l'addition de la particule جك *djek* ou جق *djaq* à ce nom, en supprimant toutefois la dernière lettre, lorsqu'elle est une de celles que nous avons désignées ci-dessus (n.° 8). Ex. طار *dar*, étroit ; طارجك *daradjek*, un peu étroit ; كوچك *kutchuk*, petit ; كوچجك *kutchudjek*, un peu petit ; صووق *soouq*, froid ; صوجق *soouđjaq*, un peu froid.

55. Le superlatif (ce degré de comparaison dont les Orientaux font un si grand usage) se forme souvent de la même manière que le comparatif. Ex. جملهسندن بيوك *djumlehsinden büïuk*, le plus grand de tous (littéralement, plus grand que tous).

56. On l'exprime quelquefois en mettant au génitif le nom qui fait l'objet de la comparaison ; mais, dans l'un comme dans l'autre cas, on fait intervenir le pronom possessif affixe de la troisième personne. Ex. هپسندن ايو *hepisinden eïu*, le meilleur de tous ; ادملرك بيوكى *ademleruñ büïughi*, le plus grand des hommes.

57. Ainsi que le comparatif, le superlatif est souvent exprimé en turk par des adverbes d'exagération ou des locutions augmentatives, telles que غايت ايله *ghâïet ileh*,

extrêmement; زياده‌سيله *zïâdehsileh*, infiniment; افراطيله *ifrâtileh*, abondamment, et diverses autres qu'on apprendra facilement par l'usage.

CHAPITRE V.

DES DIVERSES ESPÈCES DE NOMS.

58. Les Turks ont deux espèces de noms; le primitif et le dérivé. Le nom primitif est celui qui ne tire son origine d'aucun autre mot, comme تڭرى *tañri*, Dieu; ال *el*, main; ارسلان *arslân*, lion.

59. Le nom dérivé est celui qui tire son origine d'un verbe ou d'un nom.

60. Les noms dérivés du verbe sont:

1.° Le nom d'agent;

2.° Le nom d'action.

61. Le nom d'agent peut, sous divers rapports, être considéré comme une espèce de participe présent. Il se forme par l'addition de la particule جى *dji*, ou يجى *idji*, à la deuxième personne de l'impératif d'un verbe. C'est ainsi que de سو *sev*, aime, on forme سويجى *sevidji*, amateur; de قورتار *qourtar*, sauve, قورتارجى *qourtardji*, sauveur.

62. Le nom d'action, qui le plus souvent n'est autre chose que l'infinitif déclinable du verbe, se forme en turk de quatre manières différentes, savoir :

1.° En supprimant la dernière lettre de l'infinitif. Ex. de

ايچمك

ایچمك *itchmek*, boire, on fait ایچم *itchum*, boisson ; de اتمق *atmaq*, jeter, اتم *atum*, jet.

2.° En changeant cette dernière lettre en ه. Ex. بلمك *bilmek*, savoir, بلمه *bilmeh*, science ; اڭلمق *añlamaq*, comprendre, اڭلمه *añlamah*, intelligence.

3.° En changeant cette lettre en ش ou en یش. Ainsi de كولمك *ghulmek*, rire, on fait كولش *ghulich*, le rire ; de باقمق *bâqmaq*, regarder, باقش *bâqich*, le regard.

4.° En ajoutant à la dernière radicale du verbe, les particules لك *lik* pour les verbes dont l'infinitif se termine en مك *mek*, et لق *liq* pour les verbes dont l'infinitif se termine en مق *maq*. Ces particules se prononcent l'une et l'autre de la même manière, à moins que le ق caractéristique de la seconde ne se change en غ, ainsi que la chose a souvent lieu (n.° 30). Ex. كورمك *ghurmek*, voir ; كورمكلك *ghurmeklik*, l'action de voir, la vue ; اورمق *wourmaq*, frapper ; اورمقلق *wourmaqlik*, l'action de frapper, dont le génitif seroit, par exemple, اورمقلغك *wourmaqlighuñ*, et non اورمقلقك *wourmaqliquñ*, à cause de la règle précédemment exposée.

63. Le nom dérivé du nom se forme,

1.° Du substantif, par l'addition de la particule لو *lu* ou لی *li*, qui indique toujours la possession, la dotation et l'appartenance. Ex. ات *at*, cheval, اتلو *atlu* ou اتلی *atli*, possesseur d'un cheval, cavalier ; جان *djân*, ame, جانلو *djânlu*, doué d'une ame, animé; استانبول *Istamboul,* Constantinople, استانبوللو *Istamboullu,* Constantinopolitain; كومش *ghumuch,* argent (matière), كومشلو *ghumuchlu,* argenté.

2.° Du substantif, par l'addition de la particule جى *dji,* qui indique, ainsi que nous l'avons remarqué plus haut (n.° 61), le nom d'agent, et par conséquent celui d'artisan, de fabricant, &c. Ainsi de يول *ïol,* chemin, on forme يولجى *ïoldji,* voyageur; de اتمك *etmek,* pain, اتمكجى *etmekdji,* boulanger; de پاپوش *papouch,* soulier, پاپوشجى *papouchdji,* cordonnier. Cette particule جى *dji* se change quelquefois en چى *tchi.* Ex. اوقچى *ôqtchi,* et non اوقجى *ôqdji,* arbalêtrier, celui qui fabrique ou même celui qui lance des flèches.

64. Pour former ces deux espèces de noms, les Turks font quelquefois usage de périphrases ou d'expressions tirées de l'arabe et du persan. C'est ainsi qu'au lieu de عقللو *a'qellu,* intelligent, ils disent très-bien, à la manière des Arabes, ذو عقل *zou aql* ou اهل عقل *ehli a'ql,* doué ou possesseur d'intelligence; ou, d'après les règles de leur propre construction, عقل صاحبى *a'ql sâhibi*; et qu'au lieu de صاقنيجى *saqenidji,* abstinent, et de معرفتلو *ma'arifetlu,* industrieux, ils peuvent dire, comme les Persans, پرهيزكار *perhizkiâr,* et پر معرفت *pur ma'arifet.*

65. De même, pour former le nom d'agent, ils peuvent se servir également bien d'une expression arabe, turke ou persane, et dire, par exemple, كتابچى *kitaptchi* ou صحّاف *sahhâf,*

libraire; حلواجى *halvadji* ou حلوا فروش *halva-fourouch*, confiseur; قپوجى *qapidji* ou دربان *derbân*, portier; بوستانجى *bostândji* ou باغبان *baghbân*, jardinier; سرّاج *serrâdj*, sellier; ترجمان *terdjimân*, interprète, &c.

66. Les noms de la première espèce sont des adjectifs; ceux de la seconde, de véritables substantifs, selon la judicieuse distinction de Beauzée (*Gramm. génér.* tom. I, pag. 302); mais les uns et les autres sont susceptibles d'entrer dans la formation de nouveaux noms substantifs. Ainsi de اتلو *atlu*, cavalier (exemple cité plus haut n.° 63), on peut faire اتلولك *atlulik*, l'action d'être cavalier; de بهالو *behâlu*, cher, précieux, بهالولك *behâlulik*, cherté; de هنرلو *hunerlu*, habile, هنرلولك *hunerlulik*, l'action d'être habile, l'habileté, &c. De même de يولجى *ïoldji*, voyageur, on peut faire يولجيلك *ïoldjilik*, l'action d'être voyageur; de اتمكجى *etmekdgi*, boulanger, اتمكجيلك *etmekdjilik*, boulangerie; de صحّاف *sahhâf*, libraire, صحّافلك *sahhâflik*, librairie.

67. Cette particule لك *lik* ou لق *liq*, a la propriété de rendre substantifs tous les noms qu'elle affecte: ainsi de آق *âq*, blanc, on forme آقلق *âqlik*, blancheur; de زيرك *zirek*, subtil, زيركلك *zîreklik*, subtilité; de دوست *dost*, ami, دوستلق *dostliq*, amitié; de پادشاه *padichâh*, monarque, پادشاهلق *padichâhlik*, monarchie.

68. Cette même particule modifie quelquefois la signi-

fication des noms et la restreint à de certaines limites. Ex. de ایکی *iki*, deux, on forme ایکیلك *ikilik*, une pièce de deux (piastres, sequins, &c.); de گون *ghun*, jour, گونلك *ghunlik*, journée; de بر غروش *bir ghourouch*, une piastre, بر غروشلق *bir ghourouchliq*, la valeur d'une piastre; de قفتان *qaftân*, sorte de robe, قفتانلق *qaftânliq*, la quantité d'étoffe nécessaire pour faire un *qaftân*; de میشه *micheh*, chêne, میشهلك *michehlik*, un lieu planté de chênes.

69. Le nom diminutif se forme, en turk, de deux manières; savoir, quand il s'agit d'un substantif, par l'addition de la particule جك *djik* ou جق *djiq*, qu'on écrit et qu'on prononce quelquefois چك *tchik* ou چق *tchiq*; et quand il s'agit d'un adjectif, par l'addition de la même particule, ou par celle de la particule چه *tcheh*. Exemples:

عورت	*a'vret*, femme;	عورتجك	*a'vretdjik*, petite femme.
کتاب	*kitâb*, livre;	کتابچق	*kitâptchiq*, petit livre.
بیوك	*buïuk*, grand;	بیوجك	*buïudjek*, un peu grand.
آق	*âq*, blanc.	آقچه	*âqtcheh*, un peu blanc.

70. On ajoute quelquefois aux noms diminutifs de la première espèce un ز après la particule جق *djiq*, et l'on dit, par exemple, الجغز *eldjeghez*, petite main, et اتجغز *atdja-*

ghez, petit cheval, au lieu de الجق *eldjiq*, اتجق *atdjiq*, dérivés de ال *el*, main, et de ات *at*, cheval.

71. Pour donner de la force et de l'énergie au discours; les Turks, ainsi que plusieurs autres peuples, se servent de diverses particules d'exagération ; ces particules précèdent ordinairement les adjectifs. Exemples :

اپ اچق	*ap atchiq*, tout ouvert (ou clair).
اپ اکسز	*ap añsîz*, tout-à-coup.
پك بياض	*pek beïaz*, très-blanc.
بون بوش	*bôn bôch*, tout-à-fait vide.
دپ درى	*dip diri*, tout vivant.
دوم دوز	*dum duz*, tout uni.
سم سياه	*sim sïâh*, tout à-fait noir.
صپ صارى	*sap sâri*, tout jaune.
طوپ طولو	*top dolou*, tout-à-fait plein.
طوز طوغرو	*doz doghrou*, tout droit.
قپ قرمزى	*qep qermezi*, tout rouge.
قپ قره	*qap qarah*, tout-à-fait noir.
قوپ قورو	*qoup qourou*, tout-à-fait sec.

ماس ماوی	*mas mâvi*, tout bleu.
یاپ یالگز	*ïap ïdleñiz*, tout seul.
یام یاش	*ïam ïach*, entièrement humide.

On fait, dans la conversation, un usage très-fréquent de ces sortes de locutions.

72. Les Turks ne trouvent pas, dans leur idiome, beaucoup de ces noms composés qui ajoutent tant de force et prêtent un si grand charme au discours; mais ils font un fréquent emploi des noms de cette espèce tirés de la langue persane, qui, si l'on en excepte le sanscrit et le grec parmi les langues anciennes, l'allemand et l'anglais parmi les modernes, est peut-être la plus riche et la plus ingénieuse de toutes, sous ce rapport. C'est donc dans les grammaires persanes que le lecteur doit chercher les règles de la composition de ces noms, et les exemples nécessaires à l'appui des règles. Nous ne pouvons néanmoins nous dispenser de lui dire que les noms composés nous paroissent se former en persan de quatre manières principales, savoir :

1.° De deux substantifs arabes ou persans;
2.° D'un substantif et d'un adjectif;
3.° D'un substantif et d'un participe;
4.° D'une préposition et d'un substantif.

En voici quelques exemples:

NOMS COMPOSÉS

De deux substantifs.	پری روی	*peri-rouï,* de figure angélique.
	گلعذار	*ghul-e'zâr,* aux joues de rose.
	عزتماب	*i'zzet-ma'âb,* asile de la puissance.
D'un adjectif et d'un substantif.	خوب روی	*khôb-rouï,* de belle figure.
	خوب آواز	*khôb-âwâz,* de belle voix.
	شیرینکار	*chirîn-kiâr,* doué de douceur.
D'un substantif et d'un participe.	گل افشان	*ghul-efchân,* répandant des roses.
	جهاندار	*djihân-dâr,* possesseur du monde.
	شهرآشوب	*chehr-âchup,* jetant le trouble dans les villes.
D'une préposition et d'un substantif.	نا امید	*na-umîd,* sans espérance.
	کم بها	*kem-behâ,* de peu de valeur.
	بی امان	*bi-emân,* sans pitié.

CHAPITRE VI.

§. I.er *Des Noms de nombre.*

73. Les Turks ont deux manières de compter, l'une par les chiffres, improprement nommés chiffres arabes, l'autre par les lettres de l'alphabet ; mais cette dernière est peu usitée. Nous disons *improprement nommés* chiffres arabes, parce qu'en effet le système de numération adopté par les Européens paroît être originaire de l'Inde, et qu'il a été transmis (1) mais non inventé par les Arabes, ainsi que le prouvent le nom de حروف الهندي *hurouf el-Hindi*, que ces chiffres ont conservé, et le sens dans lequel ils sont écrits (de gauche à droite), inverse de celui dans lequel les caractères d'écriture sont tracés (n.° 1).

74. Les noms de nombre se divisent en *cardinaux, ordinaux* et *distributifs.* Voici les premiers:

(1) L'opinion la plus accréditée est que cette transmission eut lieu en Italie, dans les premières années du XIII.e siècle.

Noms

NOMS DE NOMBRE CARDINAUX.			CHIFFRES	
TURK.	PRONONCIATION.	SIGNIFICATION.	TURKS.	FRANÇAIS.
بر	*bir.*	Un.	١	1.
ایکی	*iki.*	Deux.	٢	2.
اوچ	*utch.*	Trois.	٣	3.
دورت	*deurt.*	Quatre.	٤	4.
بش	*bech.*	Cinq.	٥	5.
التی	*alti.*	Six.	٦	6.
یدی	*ïedi.*	Sept.	٧	7.
سکز	*sekiz.*	Huit.	٨	8.
طوقوز	*doqouz.*	Neuf.	٩	9.
اون	*ôn.*	Dix.	١٠	10.
اون بر	*ôn bir.*	Onze.	١١	11.
اون ایکی	*ôn iki.*	Douze.	١٢	12.
اون اوچ	*ôn utch.*	Treize.	١٣	13.
اون دورت	*ôn deurt.*	Quatorze.	١٤	14.
اون بش	*ôn bech.*	Quinze.	١٥	15.

NOMS DE NOMBRE CARDINAUX.			CHIFFRES	
TURK.	PRONONCIATION.	SIGNIFICATION.	TURKS.	FRANÇAIS.
اون التی	*ôn alti.*	Seize.	١٦	16.
اون یدی	*ôn ïedi.*	Dix-sept.	١٧	17.
اون سکز	*ôn sekiz.*	Dix-huit.	١٨	18.
اون طوقوز	*ôn doqouz.*	Dix-neuf.	١٩	19.
یکرمی	*ighirmi.*	Vingt.	٢٠	20.
اوتوز	*otouz.*	Trente.	٣٠	30.
قرق	*qerq.*	Quarante.	٤٠	40.
اللی	*elli.*	Cinquante.	٥٠	50.
التمش	*altmich.*	Soixante.	٦٠	60.
یتمش	*ïetmich.*	Soixante-dix.	٧٠	70.
سکسن	*seksen.*	Quatre-vingt.	٨٠	80.
طوقسان	*doksan.*	Quatre-vingt-dix	٩٠	90.
یوز	*ïuz.*	Cent.	١٠٠	100.
ایکی یوز	*iki ïuz.*	Deux cents.	٢٠٠	200.
اوچ یوز	*utch ïuz.*	Trois cents.	٣٠٠	300.

NOMS DE NOMBRE CARDINAUX.			CHIFFRES	
TURK.	PRONONCIATION.	SIGNIFICATION.	TURKS.	FRANÇAIS.
بيك	*bîñ.*	Mille.	١٠٠٠	1,000.
ايكى بيك	*iki bîñ.*	Deux mille.	٢٠٠٠	2,000
اوچ بيك	*utch bîñ.*	Trois mille.	٣٠٠٠	3,000
دورت بيك	*deurt bîñ.*	Quatre mille.	٤٠٠٠	4,000.
بش بيك	*bech bîñ.*	Cinq mille.	٥٠٠٠	5,000.
اون بيك	*ôn bîñ.*	Dix mille.	١٠٠٠٠	10,000.
يوز بيك	*ïuz bîñ.*	Cent mille.	١٠٠٠٠٠	100,000.

75. Les nombres cardinaux sont indéclinables. Lorsqu'ils se composent de plusieurs quantités, on les exprime comme en français, c'est-à-dire, en commençant par la quantité la plus forte, et en finissant par la plus foible. Ainsi, pour représenter le nombre 1820, on écriroit ١٨٢٠ ou بيك سكز يوز يكرمى *bîñ sekiz ïuz ighirmi.*

§. II. *Des Nombres ordinaux.*

76. Les nombres ordinaux se forment des précédens, par l'addition de la particule نجى *indji.* Ex. بر *bir,* un, برنجى *birindji,* premier; ايكى *iki,* deux, ايكنجى *ikindji,*

deuxième, &c. Cette règle est générale et elle s'applique à tous les nombres ordinaux, quelles que soient les quantités d'unités, de dixaines et de centaines dont ils se composent. Ex. قرقنجی *qerqindji*, quarantième; بش یوزنجی *bech ïuzindji*, cinq-centième; بیکنجی *bîñindji*, millième. Les nombres ordinaux sont déclinables.

77. Les fractions se forment par l'addition du mot پای *paï*, qui signifie *partie:* ainsi l'on dit اوچنجی پای *utchindji paï*, le tiers; یوزنجی پای *ïuzindji pâï*, le centième. Néanmoins, pour exprimer la moitié et le quart, on se sert des mots یارم *ïarem*, et چیرك *tcheïrek*.

§. III. *Des Nombres distributifs.*

78. Les nombres distributifs se forment des nombres cardinaux, par l'addition de la lettre ر, lorsque ces derniers se terminent par une consonne, et par l'addition de la particule شر *cher*, lorsqu'ils se terminent par la lettre ی. La table suivante donnera une idée suffisante de ces deux formations:

برر	*birer,*	un à un.
ایکیشر	*ikicher,*	deux à deux.
اوچر	*utcher,*	trois à trois.
دوردر	*deurder,*	quatre à quatre.
بشر	*becher,*	cinq à cinq.

التيشر	*alticher,*	six à six.
يديشر	*ïedicher,*	sept à sept.
سكزر	*sekizer,*	huit à huit.
طوقوزر	*doqouzer,*	neuf à neuf.
اونر	*ôner,*	dix à dix.
اون برر	*ôn birer,*	onze à onze.
اون ايكيشر	*ôn ikicher,*	douze à douze, &c.

79. Quoique les noms dont il s'agit soient destinés à indiquer la division d'un tout en diverses parties égales, on s'en sert quelquefois pour présenter isolément à l'esprit l'idée d'une ou de plusieurs quantités collectives. Ex. اون قلم الدم دانهسى برر پارايه *ôn qalem aldum tanehsi birer paraïeh,* j'ai acheté dix plumes, à raison d'un para *chaque.* On les répète quelquefois. Ex. شو كتابلرى برر برر تميزلملو *chou kitableri birer birer temizlemelu,* il faut nettoyer ces livres un à un.

Il existe encore diverses manières de considérer les nombres; mais toutes pouvant se rapporter aux règles établies au chapitre V (n.° 63), relatives au nom dérivé du nom, nous nous abstiendrons de répétitions inutiles; et, pour ne point fatiguer la mémoire du lecteur, nous nous bornerons à lui présenter quatre exemples de la manière dont les noms de nombre peuvent se présenter dans le discours:

ایکی قناتلو قوش *iki qanatlu qouch,* oiseau doué *de deux* ailes.

بر کونلك یول *bir ghunlik ïol, une* journée de chemin.

ایکی طرفدن *iki taraften, de deux* côtés.

بش قرنداشی وار ایدی بشنی بیله اولدردی *bech qarendachi war idi bechini bileh euldurdi,* il avoit cinq frères, il les tua *tous les cinq.*

CHAPITRE VII.

§. I.er *Des Pronoms.*

80. Les pronoms, en turk, sont isolés ou affixes.

81. Les pronoms isolés se déclinent à-peu-près et les pronoms affixes entièrement comme les noms.

82. On divise les pronoms isolés, en personnels, démonstratifs, relatifs et interrogatifs. Nous traiterons de ces deux derniers sous la dénomination plus exacte de *mots conjonctifs et interrogatifs.*

83. Les pronoms personnels sont, بن *ben,* سن *sen,* اول *ol* ou او *o*; ils se déclinent de la manière suivante:

PREMIÈRE PERSONNE.			
SINGULIER.			
Nomin.	بن	*ben,*	moi.
Gén.	بنم	*benum,*	de moi.

Dat.	بڭا	*baña,*	à moi.
Accus.	بنى	*beni,*	moi.
Abl.	بندن	*benden,*	de moi.

PLURIEL.

Nomin.	بزلر ou بز	*biz* ou *bizler,*	nous.
Gén.	بزم	*bizum,*	de nous.
Dat.	بزه	*bizeh,*	à nous.
Accus.	بزى	*bizi,*	nous.
Abl.	بزدن	*bizden,*	de nous.

SECONDE PERSONNE.

SINGULIER.

Nomin.	سن	*sen,*	toi.
Gén.	سنڭ	*senuñ,*	de toi.
Dat.	سڭا	*saña,*	à toi.
Accus.	سنى	*seni,*	toi.
Voc.	يا سن	*ïa sen,*	ô toi.
Abl.	سندن	*senden,*	de toi.

PLURIEL.			
Nomin.	سزلر ou سز	*siz* ou *sizler,*	vous.
Gén.	سزڭ	*sizuñ,*	de vous.
Dat.	سزه	*sizeh,*	à vous.
Acc.	سزی	*sizi,*	vous.
Voc.	یا سز	*ïa siz,*	ô vous.
Abl.	سزدن	*sizden,*	de vous.

84. Les pronoms personnels de la première et de la seconde personne sont les seuls dont la déclinaison diffère essentiellement de la déclinaison des noms. La différence consiste, 1.° en ce que le génitif se termine au singulier et au pluriel par un م, au lieu de se terminer par un ڭ, comme dans la déclinaison régulière des noms ; 2.° en ce que les pluriels de ces pronoms sont irréguliers.

TROISIÈME PERSONNE. SINGULIER.			
Nomin.	او ou اول	*ol* ou *o,*	luï.
Gén.	انڭ	*anuñ,*	de lui.
Dat.	اڭا	*aña,*	à lui.

Accus.

Accus.	انى	*ani*,	lui.
Abl.	اندن	*anden*,	de lui.
		PLURIEL.	
Nomin.	انلر	*anlar* ou *onler*,	eux.
Gén.	انلرڭ	*anlaruñ*,	d'eux.
Dat.	انلره	*anlareh*,	à eux.
Accus.	انلرى	*anlari*,	eux.
Abl.	انلردن	*anlarden*,	d'eux.

§. II. *Des Pronoms démonstratifs.*

85. Les pronoms démonstratifs sont, 1.° اول *ol* ou او *o*, lui ou celui-là, dont la déclinaison précède ; 2.° شو *chou*, بو *bou* ou ايشبو *ichbou*, celui-ci, qui se décline de la manière suivante :

		SINGULIER.	
Nomin.	بو ou شو	*bou* ou *chou*,	celui-ci.
Gén.	بونڭ	*bounuñ*,	de celui-ci.
Dat.	بوڭا	*bouna*,	à celui-ci.
Accus.	بونى	*bouni*,	celui-ci.
Abl.	بوندن	*bounden*,	de celui-ci.

F

PLURIEL.

Nomin.	بونلر	*bounlar,*	ceux-ci.
Gén.	بونلرك	*bounlaruñ,*	de ceux-ci.
Dat.	بونلره	*bounlareh,*	à ceux-ci.
Accus.	بونلری	*bounlari,*	ceux-ci.
Abl.	بونلردن	*bounlarden,*	de ceux-ci.

§. III. *Des divers Mots conjonctifs et interrogatifs ordinairement rangés dans la classe des Pronoms isolés.*

86. Le pronom relatif, ou, pour s'exprimer d'une manière plus conforme aux règles de la grammaire générale, l'adjectif conjonctif *qui, que, lequel,* peut se rendre par كه *kih,* كی *ki* ou غی *ghi;* comme dans les exemples suivans: بر آدم كه كناه صاحبی اوله صانور كه هپسی كناه صاحبیدر *bir adem kih ghunâh sâhibi olah sanur kih hepisi ghunâh sâhibi dur;* un homme *qui* est vicieux pense que tout le monde l'est (comme lui); بنكه سنك اغاك ام بندن قورقمهلوسن *ben ki senuñ aghañ em benden qorqmalu sen,* tu dois me craindre moi *qui* suis ton maître; استانبول النديغی وقتده *Istamboul alendeghi vaqitdeh,* dans le temps *que* Constantinople fut prise. Néanmoins les Turks remplacent souvent ce pronom par

le participe présent ou par le participe passé du verbe, d'une manière qui leur est propre et que nous tâcherons de rendre sensible par deux exemples. On peut dire à la rigueur بو حريفدر كه دون انی اوردم. *bou herîftur kih dun ani wourdum*, c'est cet individu *que* j'ai frappé hier ; آدم كه كليور *adem kih gheliur*, l'homme *qui* vient : mais, pour parler plus correctement, il vaut mieux s'exprimer de la manière suivante, دونكى اوردغم حريف بو در *dunki wourdughum herîf bou dur* ; كلن آدم *ghelen adem*.

87. Le même mot (كه *kih*, كى *ki* ou غى *ghi*) se présente souvent annexé à des noms, à des pronoms ou même à des adverbes, quand il s'agit d'indiquer la relation directe d'un nom avec un autre ; mais alors le verbe substantif est presque toujours sous-entendu. Ex. دلده كى سرّ *dildeh ki serr*, le secret *qui* est dans le cœur; المده كى قليج *elumdeh ki qelidj*, le sabre *qui* est dans ma main ; يوقرده كى پنجره *ïoqardeh ki pendjereh*, la fenêtre *qui* est en haut ; بو كونكى كون *bou ghunki ghun*, cejourd'hui, &c.

88. L'interrogatif personnel s'exprime par كيم *kim*, qui, lequel, et se décline régulièrement. Ex. كيمك در بو *kimuñ dur bou*, de qui est cela ! كيمه ويررسن *kimeh virersen*, à qui (le) donnez-vous ! كيمى الدك *kimi alduñ*, lequel as-tu pris ! &c.

89. L'interrogatif matériel ou de la chose, نه *neh*, quoi !

se décline également. Ex. نه وار *neh war*, qu'y a-t-il! نهیه کلدڭ *nehieh gheldun*, pourquoi es-tu venu! نه‌دن قورقرسن *nehden qorqarsen*, que crains-tu! ادی نه در *adi neh dur*, quel est son nom! نه‌لر کچدی *nehler ghetchti*, que de choses se sont passées!

90. Ce mot admet les possessifs affixes; ainsi l'on dit نه‌م وار *nehm war*, qu'ai-je, (litt.) qu'y a-t-il de moi! نه‌سی وار *nehsi war*, qu'a-t-il, qu'y a-t-il de lui!

91. Le même mot a quelquefois l'apparence de l'interrogatif personnel, mais cette apparence naît de ce qu'il se trouve alors quelque chose de sous-entendu dans la phrase; comme dans نه ادم در *neh adem dur*, quel homme est-ce! au lieu de نه اصل ادم در *neh asl*, vulg. *n'asl adem dur*, quelle espèce d'homme est-ce! Ce mot نه *neh* indique souvent l'admiration. Ex. نه کوزل در *neh ghuzel dur*, qu'il est beau! mais dans ce cas il est évident qu'on le prend adverbialement. On s'en sert dans la même acception, quand on dit: نه قدر *neh qadar*, combien! (litt.) quelle quantité! نه ایچون *neh itchun*, ou نیچون *nitchun*, pourquoi!

92. Les Turks ont un mot interrogatif indéclinable, c'est قنغی *qanghi*, lequel! il précède ordinairement le substantif, et admet, comme le précédent, les pronoms possessifs affixes. Ex. قنغی یردن *qanghi ïerden*, de quel lieu! قنغیمز *qanghimuz*, lequel de nous! قنغیکز *qanghiñiz*, lequel

de vous! قنغيسى *qanghisi*, lequel d'entre eux! قنغى ولايتلو *qanghi velaïetlu*, de quel pays!

93. L'adjectif *quelqu'un* s'exprime en turk par بر كمسه *bir kimseh*, ou بر كمسنه *bir kimesneh*, ou seulement par كمسه *kimseh* ; il se décline régulièrement.

94. L'article indéfini بر *bir*, un, équivaut fréquemment à un nom conjonctif; ainsi l'on dit برشئ *bir che'i*, une chose ou quelque chose. Il en est de même de certains mots qui servent souvent à spécialiser les objets, comme بر پاره تكنه *bir parah tekneh*, une pièce de navire, un navire; ايكى قطعه كتاب *iki qata' kitab*, deux exemplaires de livres, deux livres; اوچ دانه انجو *ütch taneh indju*, trois grains de perles, trois perles.

95. Les Turks n'ont point de nom qui soit l'équivalent exact du substantif français *personne*, ou de l'adjectif *aucun* ; mais ils se servent des mots كمسه *kimseh*, كمسنه *kimesneh*, بر كمسنه *bir kimesneh*, quelqu'un, suivi d'un verbe négatif. Quelquefois, pour rendre la négation plus précise, ils font précéder ces mots de la particule négative هيچ *hitch*, rien; ainsi ils disent بر كمسه كلمديمى *bir kimseh ghelmedimi*, quelqu'un n'est-il pas venu! n'est-il venu personne! La réponse négative à cette question seroit : هيچ كمسه كلمدى *hitch kimseh ghelmedi*, il n'est venu personne, (litt.) absolument personne n'est venu ; برشئ بلمز *bir che'i bilmez* ou

هيچ برشئ بلمز *hitch bir che'ï bilmez*, il ne sait rien, absolument rien.

96. Cette particule négative est souvent remplacée par les adverbes arabes اصلاً *aslan* et قطعًا *qati'an*. Exemples: اصلاً بر وجهله اولماز *aslan bir vedjhileh olmaz*, en aucune manière (cela) ne se peut; اصلاً و قطعًا برشئ كورنمدى *aslan ve qati'an bir che'ï gurunmedi*, on n'a vu absolument rien.

97. Les adjectifs *tout*, *chaque* ou *chacun*, se rendent par هر *her*, هر برى *her biri*, هر كشى *her kichi*.

98. Les mots *tout* ou *tous*, pris dans une acception soit adjective soit adverbiale, peuvent se traduire de l'une des manières suivantes:

Turk.	هپ	*hep*,	tout, tous, en totalité, entièrement.
Turk.	هپيسى	*hepisi*,	
Turk.	بتون	*butun*.	
Arabe.	جمله	*djumleh*,	
Ar. et turk.	جملهسى	*djumlehsi*,	
Arabe.	جميع	*djemia'*,	
Arabe.	كل	*kull*,	

99. Pour exprimer notre *quiconque*, *qui*, ou *quoi que ce soit*, on se sert en turk de l'adjectif هر *her* (n.° 97), suivi de l'un des interrogatifs كيم *kim*, نه *neh*, ou قنغى *qanghi*,

dont il vient d'être parlé (n.os 88, 89 et 92). Exemples: هر كيم كلورسه *her kim ghelursah,* qui que ce soit qui vienne; هر قنغى ايسه *her qanghi îsah,* qui que ce soit; هر نه يوزدن اولورسه *her neh ïuzden oloursah,* de quelque façon que ce soit. Comme cette manière de parler exige nécessairement que le verbe suivant soit à la troisième personne du subjonctif, il arrive très-souvent que l'existence de cette troisième personne suppose l'existence de l'adjectif هر *her.* Exemples : نه ايدرسه ايتسون *neh edersah etsun,* pour هر نه ايدرسه ايتسون *her neh edersah etsun,* quoi que (ce) soit qu'il fasse, qu'il (le) fasse.

نه اولورسه اولسون *neh oloursah olsun,* pour هر نه اولورسه اولسون *her neh oloursah olsun,* quoi que (ce) soit, que (cela) soit.

نه كه يازلدى ايسه اولسون *neh kih ïazldi îsah olsun,* quoi que (ce) soit qui ait été écrit, que (cela) soit.

100. Il est certains adverbes qui précèdent ordinairement les pronoms démonstratifs. Ces adverbes, qui sont همان *hemân,* ينه *îneh* ou كنه *gheneh,* signifient *même, encore,* &c. Ex. همان او در *heman o dur,* c'est lui (la *ou* le) même; ينه بو *ineh bou,* encore celui-là, &c.

101. Il ne paroît pas inutile de joindre ici quelques-unes des locutions qu'on peut appeler en quelque sorte pronominales, dont les Turks font le plus fréquemment usage; ce sont:

Turk.	بر دخی	*bir dakhi* ou *bir daha*, encore un.	
Turk.	او بری	*ô biri*, cet autre.	
Turk.	او بری دخی	*ô biri dakhi* ou *daha*, cet autre encore.	
Turk.	بونك كبی	*bounuñ ghibi*, comme, tel que celui-ci.	
Turk.	انك كبی	*anuñ ghibi*, comme celui-là.	
Arab.	فلان	*fulân*, un tel.	
Arab.	اجناس	*adjnâs*,	divers, diverses espèces.
Arab.	الوان	*elvân*,	
Arab.	انواع	*anva'a*,	
Pers.	رنكارنك	*rengâreng*,	
Pers.	كوناكون	*ghunâghun*,	
Turk.	درلو درلو	*turlu turlu*,	

§. IV. *Des Pronoms possessifs.*

102. La plupart des grammairiens divisent les pronoms possessifs en affixes et en isolés; mais ils conviennent que ces derniers ne sont autre chose que les génitifs des pronoms personnels, et que, dans tous les cas, il est possible d'analyser leur construction de telle sorte, que le génitif reparoisse naturellement dans la phrase. Qu'il nous soit donc permis d'écarter cette distinction inutile, et de ranger tous les pronoms possessifs turks dans une seule et même classe, c'est-à-dire dans celle des affixes.

103. La forme de ces pronoms est extrêmement simple; elle

elle consiste dans l'addition au nom, soit primitif, soit dérivé, soit simple, soit composé, d'une lettre ou d'une particule qui se décline avec le nom. On conçoit combien il importe, pour parvenir à l'intelligence du sens, de ne pas perdre de vue cette règle.

104. Voici les lettres ou particules qui caractérisent les pronoms possessifs de chaque personne :

Pour la 1.re du singulier م qu'on prononce *m* ou *um*,
Pour la 2.e *id.* ڭ ——————— *ñ* ou *uñ*,
Pour la 3.e *id.* ی ——————— *i*, pour les noms terminés par une consonne ; et سی *si*, pour ceux qui se terminent par une des lettres ا و ه ی.
Pour la 1.re du pluriel مز qu'on prononce *muz*,
Pour la 2.e *id.* ڭز ——————— *ñiz*,
Pour la 3.e *id.* لری ——————— *leri*.

EXEMPLES :

SINGULIER.

PREMIÈRE PERSONNE.

قلپاق	*qalpaq*,	bonnet,	قلپاغم	*qalpaghum*,	mon bonnet.

DEUXIÈME PERSONNE.

كوڭل	*gheuñul*,	cœur,	كوڭلڭ	*gheuñuluñ*,	ton cœur.

TROISIÈME PERSONNE.

NOM TERMINÉ PAR UNE CONSONNE.

قان	*qan,*	sang,	قانى	*qani,*	son sang.

NOMS TERMINÉS PAR UNE DES LETTRES ا و ه ى.

انا	*ana,*	mère,	اناسى	*anasi,*	sa mère.
اوردو	*ordou,*	armée,	اوردوسى	*ordousi,*	son armée.
دوه	*deveh,*	chameau,	دوهسى	*develısi,*	son chameau.
يالى	*ïali,*	rivage,	ياليسى	*ïalisi,*	son rivage.

PLURIEL.

PREMIÈRE PERSONNE.

بيراق	*beïraq,*	drapeau,	بيراغمز	*beïraghumuz,*	notre drapeau.

DEUXIÈME PERSONNE.

هفته	*hefteh,*	semaine,	هفته كز	*heftehñiz,*	votre semaine.

TROISIÈME PERSONNE.

حضرت	*hazret,*	excellence,	حضرتلرى	*hazretleri,*	leur excellence.

105. Nous allons mettre sous les yeux du lecteur le paradigme de la déclinaison de ces pronoms, combinés avec des noms, soit primitifs, soit dérivés, et terminés, soit par une consonne, soit par une des lettres ci-dessus mentionnées (n.° 104).

PARADIGME DES PRONOMS POSSESSIFS.

PREMIÈRE PERSONNE,

COMBINÉE AVEC UN NOM PRIMITIF.

SINGULIER (م).

No.	اوغلم	*oghloum*,	mon fils.
Gé.	اوغلمك	*oghloumuñ*,	de mon fils.
Da.	اوغلمه	*oghloumeh*,	à mon fils.
Ac.	اوغلمی	*oghloumi*,	mon fils.
Ab.	اوغلمدن	*oghloumden*,	de mon fils.

PLURIEL (مز).

No.	اوغلمز	*oghloumuz*,	notre fils.
Gé.	اوغلمزك	*oghloumuzuñ*,	de notre fils.
Da.	اوغلمزه	*oghloumuzeh*,	à notre fils.
Ac.	اوغلمزی	*oghloumuzi*,	notre fils.
Ab.	اوغلمزدن	*oghloumuzden*,	de notre fils.

DEUXIÈME PERSONNE,

COMBINÉE AVEC UN NOM DÉRIVÉ.

SINGULIER (ڭ).

No.	(1) چفتلكڭ	*tchiftlighuñ,*	ta ferme.
Gé.	چفتلكڭڭ	*tchiftlighiñuñ,*	de ta ferme.
Da.	چفتلككه	*tchiftlighiñeh,*	à ta ferme.
Ac.	چفتلككى	*tchiftlighiñi,*	ta ferme.
Ab.	چفتلككدن	*tchiftlighiñden,*	de ta ferme.

PLURIEL (ڭز).

No.	چفتلككز	*tchiftlighiñiz,*	votre ferme.
Gé.	چفتلككزڭ	*tchiftlighiñizuñ,*	de votre ferme.
Da.	چفتلككزه	*tchiftlighiñizeh,*	à votre ferme.
Ac.	چفتلككزى	*tchiftlighiñizi,*	votre ferme.
Ab.	چفتلككزدن	*tchiftlighiñizden,*	de votre ferme.

(1) Dérivé de چفت *tchift,* champ labourable, d'après la règle précédemment énoncée n.os 62, 66 et suiv.

TROISIÈME PERSONNE,

COMBINÉE AVEC UN NOM TERMINÉ PAR UNE CONSONNE.

SINGULIER (ى).

No.	اغاجى	*aghadji,*	son arbre.
Gé.	اغاجينك	*aghadjinuñ,*	de son arbre.
Da.	اغاجينه	*aghadjineh,*	à son arbre.
Ac.	اغاجينى	*aghadjini,*	son arbre.
Ab.	اغاجيندن	*aghadjinden,*	de son arbre.

PLURIEL (لرى).

No.	اغاجلرى	*aghadjleri,*	ses *ou* leurs arbres.
Gé.	اغاجلرينك	*aghadjlerinuñ,*	de ses *ou* de leurs arbres.
Da.	اغاجلرينه	*aghadjlerineh,*	à ses *ou* à leurs arbres.
Ac.	اغاجلرينى	*aghadjlerini,*	ses *ou* leurs arbres.
Ab.	اغاجلريندن	*aghadjlerinden,*	de ses *ou* de leurs arbres.

TROISIÈME PERSONNE,

COMBINÉE AVEC UN NOM TERMINÉ PAR UN ا.

SINGULIER (سى).

No.	اناسى	*anasi,*	sa mère.

Gé.	اناسینڭ	*anasinuñ,*	de sa mère.
Da.	اناسینه	*anasineh,*	à sa mère.
Ac.	اناسینی	*anasini,*	sa mère.
	ou اناسین	*anasin,*	
Ab.	اناسیندن	*anasinden,*	de sa mère.

PLURIEL (لری).

No.	انالری	*analeri,*	ses *ou* leurs mères.
Gé.	انالرینڭ	*analerinuñ,*	de ses *ou* de leurs mères.
Da.	انالرینه	*analerineh,*	à ses *ou* à leurs mères.
Ac.	انالرینی	*analerini,*	ses *ou* leurs mères.
Ab.	انالریندن	*analerinden,*	de ses *ou* de leurs mères.

TROISIÈME PERSONNE,

COMBINÉE AVEC UN NOM TERMINÉ PAR UN و.

SINGULIER (سی).

No.	قورقوسی	*qorqousi,*	sa crainte.
Gé.	قورقوسینڭ	*qorqousinuñ,*	de sa crainte.

Da.	قورقوسينه	*qorqousineh,*	à sa crainte.
Ac.	قورقوسيني	*qorqousini,*	sa crainte.
	ou قورقوسين	*qorqousin,*	
Ab.	قورقوسيندن	*qorqousinden,*	de sa crainte.

PLURIEL (لرى).

No.	قورقولرى	*qorqouleri,*	ses *ou* leurs craintes.
Gé.	قورقولرينك	*qorqoulerinuñ,*	de ses *ou* de leurs craintes.
Da.	قورقولرينه	*qorqoulrineh,*	à ses *ou* à leurs craintes.
Ac.	قورقولريني	*qorqoulerini,*	ses *ou* leurs craintes.
Ab.	قورقولريندن	*qorqoulerinden,*	de ses *ou* de leurs craintes.

TROISIÈME PERSONNE,

COMBINÉE AVEC UN NOM TERMINÉ PAR UN ه.

SINGULIER (سى).

No.	دده‌سى	*dedehsi,*	son aïeul.
Gé.	دده‌سينك	*dedehsinuñ,*	de son aïeul.
Da.	دده‌سينه	*dedehsineh,*	à son aïeul.

Ac.	ددهسینی	*dedehsini,*	son aïeul.
	ou ددهسین	*dedehsin,*	
Ab.	ددهسیندن	*dedehsinden,*	de son aïeul.

PLURIEL (لری).

No.	ددهلری	*dedehleri,*	ses *ou* leurs aïeux.
Gé.	ددهلرینك	*dedehlerinuñ,*	de ses *ou* de leurs aïeux.
Da.	ددهلرینه	*dedehlerineh,*	à ses *ou* à leurs aïeux.
Ac.	ددهلرینی	*dedehlerini,*	ses *ou* leurs aïeux.
Ab.	ددهلریندن	*dedehlerinden,*	de ses *ou* de leurs aïeux.

TROISIÈME PERSONNE,

COMBINÉE AVEC UN NOM TERMINÉ PAR UN ی.

SINGULIER (سی).

No.	قاریسی	*qarisi,*	sa femme *[uxor ejus]*.
Gé.	قاریسینك	*qarisinuñ,*	de sa femme.
Da.	قاریسینه	*qarisineh,*	à sa femme.
Ac.	قاریسینی	*qarisini,*	sa femme.
	ou قاریسین	*qarisin,*	
Ab.	قاریسیندن	*qarisinden,*	de sa femme.

PLURIEL

PLURIEL (لرى).			
No.	قاريلرى	*qarileri,*	ses *ou* leurs femmes.
Gé.	قاريلرينك	*qarilerinuñ,*	de ses *ou* de leurs femmes.
Da.	قاريلرينه	*qarilerineh,*	à ses *ou* à leurs femmes.
Ac.	قاريلريني	*qarilerini,*	ses *ou* leurs femmes.
Ab.	قاريلريندن	*qarilerinden,*	de ses *ou* de leurs femmes.

Le pronom possessif de la troisième personne (لرى) se décline au pluriel comme au singulier.

106. La lettre caractéristique de ce pronom (ى) est le plus souvent retranchée dans les cas obliques, tant au pluriel qu'au singulier : ainsi l'on dit اغاجنك *aghadjinuñ*, au lieu de اغاجينك *aghadjînuñ;* اناسنه *anasineh*, au lieu de اناسينه *anasîneh;* قورقوسنى *qorqousini*, au lieu de قورقوسينى *qorqousîni ;* قاريسن *qarisin*, au lieu de قاريسين *qarisîn ;* ددهسندن *dedehsinden*, au lieu de ددهسيندن *dedehsînden;* اغاجلرنك *aghadjlerinuñ*, au lieu de اغاجلرينك *aghadjlerînuñ*.

107. Il est quelques noms terminés par un و ou par un ى, tels que او *ev*, maison; صو *sou*, eau; آى *aï*, mois, &c., qui font exception à la règle générale, et

conservent le ی caractéristique du pronom possessif de la troisième personne, sans le faire précéder du س.

108. Les pronoms possessifs restent indéclinables devant les postpositions. Ex. اوده‌مزده *odahmuzdeh*, dans notre chambre; قرنداشڭز ايله *qarendachiñiz ileh*, avec votre frère; باباسيچون *babasitchun*, pour son père, &c.

Il résulte du paradigme et des observations qui précèdent, 1.° que les noms affectés de pronoms possessifs affixes sont considérés par les Turks comme des espèces de noms composés et se déclinent régulièrement;

2.° Que les diverses anomalies du pronom possessif de la troisième personne tiennent à ce que la lettre caractéristique de ce pronom est un ی, et sont la conséquence nécessaire des principes ci-dessus posés (n.os 47 et 49);

3.° Que le ن euphonique dont le pronom possessif de la troisième personne est affecté dans tous les cas autres que le nominatif, suffit le plus souvent pour indiquer la présence de ce pronom (n.° 106).

Ces observations, et particulièrement la dernière, paroissent de nature à mériter toute l'attention du lecteur.

109. Le pronom personnel *lui-même* se rend en turk par كندو *kendu;* il se décline régulièrement, et est susceptible de prendre, comme toute autre espèce de noms, les particules caractéristiques des pronoms possessifs; en sorte qu'on dit :

SINGULIER.

1.re personne.	کندوم	*kendum*,	moi-même.
2.e *id.*	کندوك	*kenduñ*,	toi-même.
3.e *id.*	کندوسی ou کندو	*kendusi* ou *kendu*,	lui-même.

PLURIEL.

1.re personne.	کندومز	*kendumuz*,	nous-mêmes.
2.e *id.*	کندوکز	*kenduñiz*,	vous-mêmes.
3.e *id.*	کندولری ou کندولر	*kenduleri* ou *kenduler*,	eux-mêmes.

110. Pour exprimer cette espèce de pronom possessif qu'on rend en français par *le tien, le mien, le sien,* &c., les Turks emploient le génitif d'un pronom personnel ou d'un pronom démonstratif suivi de la particule کی *ki*, et ils disent:

بنمکی	*benumki*,	le mien *ou* la mienne, celui *ou* celle qui est à moi.
سنککی	*senuñki*,	le tien *ou* la tienne.

انڭكى	*anuñki*,	le sien *ou* la sienne.
بونڭكى	*bounuñki*,	à celui-ci *ou* à celle-ci.
شونڭكى	*chounuñki*,	
بزمكى	*bizumki*,	le nôtre *ou* la nôtre.
سزڭكى	*sizuñki*,	le vôtre *ou* la vôtre.
انلرڭكى	*anleruñki*,	le leur *ou* la leur.
بونلرڭكى	*bouleruñki*,	à ceux-ci *ou* à celles-ci.
شونلرڭكى	*chounleruñki*,	

Ces divers pronoms se déclinent comme les noms mentionnés plus haut (n.° 107).

FIN DE LA PREMIÈRE PARTIE.

ÉLÉMENS
DE
GRAMMAIRE TURKE.

SECONDE PARTIE.

CHAPITRE I.er

DU VERBE EN GÉNÉRAL.

111. Le lecteur a pu remarquer, dans la première partie de cet ouvrage, la régularité et l'uniformité constante avec lesquelles les noms turks se forment, se dérivent et se déclinent. Le système de la formation et de la conjugaison des verbes n'est ni moins simple, ni moins uniforme, ni moins régulier.

112. Les premiers grammairiens qui se sont occupés de cette partie, qu'on peut appeler l'ame du discours (1), considérant que les infinitifs turks affectent deux terminaisons différentes (مك *mek* ou مق *mak*), et que de cette différence

(1) Beauzée, *Grammaire générale*, tom. I, chap. IV, pag. 392.

naissoient quelques anomalies relatives dans certains modes et dans certains temps, ces grammairiens, disons-nous, ont pensé que les verbes turks devoient être rangés en deux classes ; ils ont, en conséquence, imaginé deux conjugaisons.

113. En admettant cette classification, d'autres grammairiens, d'une époque plus récente, ont reconnu qu'elle ne suffisoit pas pour comprendre tous les cas possibles ; ils ont en conséquence porté à dix et même à douze le nombre des conjugaisons turkes : il leur eût été possible d'augmenter encore ce nombre.

114. Dans cet état de choses, il nous a paru, 1.° que pour faciliter l'étude des verbes turks, il convenoit d'écarter toutes les distinctions inutiles, et d'exposer le système des conjugaisons, en faisant sentir qu'il repose sur un petit nombre de règles générales, sauf à indiquer ensuite les exceptions et les motifs probables de ces exceptions ; 2.° que la dérivation des verbes avoit lieu d'après des principes uniformes, bien raisonnés et invariables ; 3.° que la différence établie par les grammairiens entre la première et la seconde conjugaison des verbes, n'étoit pas plus réelle que celle qu'ils supposoient exister entre la première et la seconde déclinaison des noms ; 4.° que les diverses classifications adoptées par les grammairiens modernes étoient insuffisantes pour l'étude de la langue parlée, puisque la prononciation des mots destinés à exprimer les temps des verbes, varie selon les personnes et selon les lieux ; et inutiles pour l'étude de la langue écrite, puisque la terminaison de ces temps est soumise à des règles parfaitement identiques pour toutes les conjugai-

sons tant anciennes que nouvelles : vérité dont il sera facile de se convaincre par un examen attentif des paradigmes.

115. Relativement à la formation des temps, on a toujours pensé que l'infinitif, qui, sur-tout en turk, participe beaucoup du nom, étoit, à cause de cette propriété, le mode le plus propre à servir de type générique à la conjugaison, attendu qu'il n'est point sujet aux diverses modifications que l'action peut éprouver relativement aux temps ou aux personnes. On a été conduit à ce résultat, d'ailleurs, par l'analogie qui semble exister entre la construction turke et la construction latine, analogie en vertu de laquelle l'infinitif est, de tous les modes, le seul qu'on trouve dans les lexiques.

Nous nous conformerons donc à l'usage, en considérant l'infinitif comme un mode duquel il est possible de dériver tous les autres ; mais, pour rendre nos explications plus claires, nous ne nous interdirons pas l'emploi de divers autres modes ou temps, et notamment celui de la seconde personne de l'impératif, qui, ne renfermant que les lettres radicales du verbe, les conservant toujours toutes, et n'étant point, comme l'infinitif, susceptible d'être confondu avec les noms, présente un type simple, duquel on peut facilement faire dériver tous les modes et tous les temps.

116. Il faut considérer, dans les verbes turks, l'espèce, le mode, le temps et la conjugaison.

*

CHAPITRE II.

DES DIVERSES ESPÈCES DE VERBES.

117. Les Turks dérivent leurs diverses espèces de verbes du verbe actif, au moyen de l'intercalation, tant dans l'écriture que dans le discours, d'une ou de deux lettres au plus; cette intercalation a lieu durant tout le cours de la conjugaison.

118. Le verbe passif se forme de l'actif, par l'intercalation d'un ل *lam* ou d'un ن *noun* immédiatement après la première radicale du verbe, qui n'est autre chose que la dernière lettre de la seconde personne de l'impératif. Ainsi de سومك *sevmek*, aimer, on forme سولمك *sevilmek* ou سونمك *sevinmek*, être aimé; de باقمق *baqmaq*, regarder, باقلمق *baqilmak* ou باقنمق *baqinmaq*, être regardé.

119. Le verbe négatif se forme de l'actif, par l'intercalation d'un م *mim* après la même radicale. Ex. سومك *sevmek*, aimer, سوممك *sevmemek*, ne pas aimer; باقمق *baqmaq*, regarder, باقممق *baqmamaq*, ne pas regarder.

120. Le verbe impossible se forme en intercalant, après la radicale, les lettres ه *hé* et م *mim*. Ex. سومك *sevmek*, aimer, سوهممك *sevehmemek*, ne pouvoir pas aimer; باقمق *baqmaq*, regarder, باقهممق *baqahmamaq*, ne pouvoir pas regarder.

121. Le verbe réciproque se forme par l'intercalation de la lettre ش. Exemp. de دوكمك *dughmek*, battre, دوكشمك *dughuchmek*, se battre réciproquement ; de بولمق *boulmaq*, trouver, بولوشمق *boulouchmaq*, se trouver ensemble.

122. Le verbe transitif se forme en intercalant la syllabe در *der* ou *dur* après la radicale. Ex. اولمك *eulmek*, mourir, اولدرمك *euldurmek*, faire mourir, tuer ; اتمق *atmaq*, jeter, اتدرمق *atdermak*, qu'on doit prononcer *attermaq* (d'après la règle exposée au paragraphe 16), faire jeter. Le ت même suffit pour caractériser le verbe transitif. Ex. اوقوتمق *oqoutmaq*, et non اوقدرمق *oqoudermaq*, faire lire.

123. Le verbe déponent ou réfléchi se forme par l'intercalation d'un ن après la radicale ; ainsi de كورمك *ghurmek*, voir, on forme كورنمك *ghurunmek*, se voir ; et de المق *almaq*, prendre, النمق *alenmak*, se prendre soi-même.

124. Une fois formés comme il vient d'être dit, les verbes turks sont sujets à éprouver toutes les modifications subséquentes que peut exiger le discours ; ainsi il n'est pas rare de voir dériver un verbe d'un verbe lui-même dérivé. Le tableau suivant donnera une idée de ce mécanisme ingénieux, qui suppose, de la part des hommes qui l'inventèrent les premiers, des notions très-saines et des connoissances très-positives sur la théorie du langage (1).

(1) *Voyez* le tableau synoptique de la dérivation des verbes.

125. Il est facile de se convaincre que l'infinitif d'un verbe étant donné, on peut, sans avoir recours au dictionnaire, former tous les dérivés ; et réciproquement, que toutes les fois qu'on rencontre un verbe qui, outre ses radicales, contient quelqu'une des lettres ou syllabes caractéristiques de la dérivation, on peut en conclure le sens de ce verbe.

126. Cette règle néanmoins souffre quelques exceptions qui tiennent à l'usage, et qui sont la suite des modifications que le sens d'un verbe peut éprouver. Ainsi, par exemple, سوكنمك *sevinmek* signifie s'aimer, mais il s'emploie aussi pour dire se plaire, se réjouir.

127. D'autres fois les dérivés sont totalement inusités. Ainsi, bien que كيمك *gheïmek* signifie s'habiller, on ne dit pas كيشمك *gheïchmek*, s'habiller réciproquement ; كيتمك *ghitmek* signifie aller, et néanmoins on dit كيدلمك *ghidilmek* au lieu de كيدنمك *ghidenmek*, s'en aller.

128. A l'exception du négatif, tous les verbes dérivés se conjuguent régulièrement.

129. Indépendamment de ceux dont nous venons d'indiquer la formation, il existe en turk, comme dans la plupart des langues, des verbes qui dérivent du nom ; ils se terminent, en général, de l'une des cinq manières suivantes, savoir : 1.° en لمك *lemek*. Ex. كيجه *ghidjeh*, signifie la nuit, كيجهلمك *ghidjehlemek*, passer la nuit ; 2.° en لنمك *lenmek*. Ex. شبه *chubeh*, doute, شبهلنمك *chubehlenmek*, douter ;

3.° en لنمق *lanmaq*. Ex. اختيار *ikhtïâr*, vieux, اختيارلنمق *ikhtïârlanmaq*, vieillir; 4.° en لمق *lamaq*. Ex. ارزو *arzou*, souhait, ارزولمق *arzoulamaq*, souhaiter; et 5.° en لشمق *lachmaq*. Ex. دوست *dost*, ami, دوستلاشمق *dostlachmaq*, lier amitié.

130. Les verbes que les Latins nommoient inchoatifs, et qui sont destinés à exprimer un commencement d'action, se forment au moyen des verbes auxiliaires اولمق *olmaq*, être, et باشلمق *bachlamaq*, commencer. Ex. اخشام اوليور *akhchâm olïour*, il se fait tard, (litt.) il se fait soir; يازمغه باشلدی *ïazmaghah bachladi*, il commença à écrire, (litt.) à écrire il commença.

131. Les verbes méditatifs se rendent de diverses manières, dont il est impossible de donner une idée autrement que par des exemples; ainsi, pour dire, j'ai faim, on dit قرنم اجدر *qarinum adjdur*, mon ventre est affamé, ou bien اشتهام وار *ichtihâm war*, j'ai appétit, (litt.) mon appétit il y a; صوسزايم *sousiz ïm*, j'ai soif, (litt.) je suis sans eau; كوكلم استر *ghughelum ister*, j'ai envie, (litt.) mon cœur desire.

132. Les Turks font un fréquent usage de certains verbes qu'il faut considérer comme auxiliaires, lorsqu'ils sont employés concurremment avec des mots arabes et persans; les principaux d'entre ces verbes sont:

1.° اولمق *olmaq*, être. Exemple : صادر اولمق *sâdir olmaq*, être émané.

2.° ايتمك - ايلمك *itmek* ou *eïlemek*, faire. Ex. حاضر ايتمك *hâzir itmek*, faire prêt, préparer, tenir prêt ; التفات ايلمك *iltifât eïlemek*, faire cas ou estime, estimer.

3.° قلمق *qelmaq*, faire. Ex. نامار قلمق *namâz qelmaq*, faire ses prières.

4.° بيورمق *bouïourmaq*, ordonner (pris obséquieusement). Ex. تشريف بيورمق *techrif bouïourmaq*, ordonner l'ennoblissement, faire l'honneur.

5.° بولمق *boulmaq*, trouver. Ex. وجود بولمق *oudjoud boulmaq*, trouver l'existence, exister.

6.° كلمك *ghelmek*, venir. Ex. وجوده كلمك *oudjoudeh ghelmek*, venir à l'existence, naître.

7.° كوسترمك *ghustermek*, montrer. Ex. رعايت كوسترمك *ra'aïet ghustermek*, montrer du respect, respecter.

8.° يمك *ïemek*, manger, dévorer. Ex. غم يمك *gham ïemek*, dévorer du chagrin, éprouver du chagrin (1).

9.° چكمك *tchekmek*, retirer. Ex. ضرار چكمك *zarar tchekmek*, retirer du dommage, éprouver du dommage.

10.° كورمك *ghurmek*, voir. Ex. ايليك كورمك *eïlik ghurmek*, voir un bienfait, recevoir un bienfait.

---

(1) Cette métaphore populaire existe également en chinois. *Voyez* la Grammaire de cette langue par M. Abel-Rémusat, II.[e] partie, page 139.

11.° بلمك *bilmek*, savoir (dans le sens de pouvoir). Ex. اوله بلور *olah bilur*, il se peut.

CHAPITRE III.

PARADIGME DE LA CONJUGAISON DU VERBE SUBSTANTIF اولمق OLMAQ, *ÊTRE.*

133. Le verbe اولمق *olmaq* offre cela de particulier, que, lorsqu'il est pris comme verbe substantif, il se conjugue irrégulièrement; tandis que, lorsqu'il signifie *exister* et qu'il cesse d'être auxiliaire, sa conjugaison se régularise et devient conforme à toutes les autres.

134. Le verbe substantif اولمق *olmaq*, être, entre comme auxiliaire dans la conjugaison des autres verbes. Nous allons donner le paradigme de sa conjugaison, en invitant le lecteur à remarquer que les temps irréguliers sont désignés par un astérisque (*), et que par-tout ailleurs le verbe reparoît dans sa simplicité primitive.

CONJUGAISON DU VERBE اولمق *OLMAQ*, ÊTRE.

INDICATIF.

PRÉSENT (*).

ايم *ïm*, je suis.
سن *sen*, tu es.
در *dur* ou *der*, il est.

ايز *iz,* nous sommes.

سز *siz,* vous êtes.

درلر *durler* ou *derler,* ils sont.

PRÉTÉRIT et IMPARFAIT (*).

ايدم *idum,* j'étois, j'ai été, je fus.

ايدڭ *iduñ,* tu étois, tu as été, tu fus.

ايدى *idi,* il étoit, il a été, il fut.

ايدك *iduk,* nous étions, nous avons été, nous fûmes.

ايدڭز *ideñiz,* vous étiez, vous avez été, vous fûtes.

ايديلر *idiler,* ils étoient, ils ont été, ils furent.

SECOND PRÉTÉRIT et IMPARFAIT (*).

ايمشم *imichem,* j'étois, j'ai été, je fus.

ايمشسن *imichsen,* tu étois, tu as été, tu fus.

ايمشدر *imichdur,* il étoit, il a été, il fut.

ايمشز *imichiz,* nous étions, nous avons été, nous fûmes.

ايمشسز *imichsiz,* vous étiez, vous avez été, vous fûtes.

ايمشلردر *imichlerdur,* ils étoient, ils ont été, ils furent.

PRÉTÉRIT ANTÉRIEUR.

اولمش ایدم *olmich idum*, j'avois été.

اولمش ایدك *olmich iduñ*, tu avois été.

اولمش ایدی *olmich idi*, il avoit été.

اولمش ایدك *olmich iduk*, nous avions été.

اولمش ایدکز *olmich ideñiz*, vous aviez été.

اولمش ایدیلر *olmich idiler*, ou اولمشلر ایدی *olmich ler idi*, ils avoient été.

FUTUR (comme le présent du verbe *EXISTER*).

اولورم *olourum*, je serai.

اولورسن *oloursen*, tu seras.

اولور *olour*, il sera.

اولورز *olouruz*, nous serons.

اولورسز *oloursiz*, vous serez.

اولورلر *olourler*, ils seront.

IMPÉRATIF.

اول *ol*, sois.

اولسون *olsun*, qu'il soit.

اولالم *olalum*, soyons.

اولکز ou اولك *olouñuz* ou *olouñ*, soyez.

اولسونلر *olsunler*, qu'ils soient.

SUPPOSITIF.

PRÉSENT et IMPARFAIT.

اولوردم *olourdum*, je serois.
اولوردڭ *olourduñ*, tu serois.
اولوردی *olourdi*, il seroit.
اولوردق *olourduq*, nous serions.
اولوردڭز *olourdeñiz*, vous seriez.
اولورلردی *olourlerdi*, ils seroient.

PRÉTÉRIT.

اولورمشیدم *olourmich idum*, j'aurois été.
اولورمیشدڭ *olourmich iduñ*, tu aurois été.
اولورمشیدی *olourmich idi*, il auroit été.
اولورمشیدك *olourmich iduk*, nous aurions été.
اولورمشیدڭز *olourmich ideñiz*, vous auriez été.
اولورمش ایدیلر *olourmich idiler*, ⎫
ou ⎬ ils auroient été.
اولورمشلر ایدی *olourmich leridi*, ⎭

OPTATIF.

OPTATIF.

PRÉSENT et IMPARFAIT.

کشکه اولایدم *kechkeh* (1) *olaïdum*, plaise à Dieu que je sois, *ou* plût à Dieu que je fusse.

کشکه اولایدك *kechkeh olaïduñ*, que tu sois, *ou* que tu fusses.

کشکه اولایدی *kechkeh olaïdi*, qu'il soit, *ou* qu'il fût.

کشکه اولایدق *kechkeh olaïduq*, que nous soyons, *ou* que nous fussions.

کشکه اولایدکز *kechkeh olaïdeñiz*, que vous soyez, *ou* que vous fussiez.

کشکه اولالرایدی *kechkeh olaleridi*, qu'ils soient, *ou* qu'ils fussent.

PRÉTÉRIT.

کشکه اولمش اولام *kechkeh olmich olam*, plaise à Dieu que j'aie été.

کشکه اولمش اولاسن *kechkeh olmich olasen*, que tu aies été.

کشکه اولمش اولا *kechkeh olmich ola*, qu'il ait été.

کشکه اولمش اولاوز *kechkeh olmich olaouz*, que nous ayons été.

کشکه اولمش اولاسز *kechkeh olmich olasiz*, que vous ayez été.

کشکه اولمش اولالر *kechkeh olmich olaler*, qu'ils aient été.

---

(1) On écrit et l'on prononce aussi کاشکی *kiachki*.

PRÉTÉRIT ANTÉRIEUR.

كشكه اولمش اولايدم *kechkeh olmich olaïdum*, plût à Dieu que j'eusse été.

كشكه اولمش اولايدڭ *kechkeh olmich olaïduñ*, que tu eusses été.

كشكه اولمش اولايدى *kechkeh olmich olaïdi*, qu'il eût été.

كشكه اولمش اولايدق *kechkeh olmich olaïduq*, que nous eussions été.

كشكه اولمش اولايدڭز *kechkeh olmich olaïdeñiz*, que vous eussiez été.

كشكه اولمش اولالرايدى *kechkeh olmich olaleridi*, qu'ils eussent été.

FUTUR.

كشكه اولام *kechkeh olam*, plaise à Dieu que je sois.

كشكه اولاسن *kechkeh olasen*, que tu sois.

كشكه اولا *kechkeh ola*, qu'il soit.

كشكه اولاوز *kechkeh olaouz*, que nous soyons.

كشكه اولاسز *kechkeh olasiz*, que vous soyez.

كشكه اولالر *kechkeh olaler*, qu'ils soient.

SUBJONCTIF.

PRÉSENT et FUTUR (*).

اكر ايسم *eghier issam,* si je suis.
اكر ايسك *eghier isseñ,* si tu es.
اكر ايسه *eghier issa,* s'il est.
اكر ايسك *eghier issek,* si nous sommes.
اكر ايسكز *eghier isseñiz,* si vous êtes.
اكر ايسهلر *eghier issaler,* s'ils sont.

IMPARFAIT et PRÉTÉRIT ANTÉRIEUR.

اكر اولسيدم *eghier olsaïdum,* si j'étois, *ou* si j'avois été.
اكر اولسيدك *eghier olsaïduñ,* si tu étois, *ou* si tu avois été.
اكر اولسيدى *eghier olsaïdi,* s'il étoit, *ou* s'il avoit été.
اكر اولسيدق *eghier olsaïduq,* si nous étions, *ou* si nous avions été.
اكر اولسيدكز *eghier olsaïdeñiz,* si vous étiez, *ou* si vous aviez été.
اكر اولسيديلر *eghier olsaïdiler,* s'ils étoient, *ou* s'ils avoient été.

PRÉTÉRIT.

اكر اولمش ايسم *eghier olmich issam*, si j'ai été.

اكر اولمش ايسڭ *eghier olmich isseñ*, si tu as été.

اكر اولمش ايسه *eghier olmich issa*, s'il a été.

اكر اولمش ايسك *eghier olmich issek*, si nous avons été.

اكر اولمش ايسڭز *eghier olmich isseñiz*, si vous avez été.

اكر اولمش ايسه‌لر *eghier olmich issaler*, s'ils ont été.

SECOND FUTUR.

اكر اولمش اولورم *eghier olmich olourum*, si je suis.

اكر اولمش اولورسن *eghier olmich oloursen*, si tu es.

اكر اولمش اولور *eghier olmich olour*, s'il est.

اكر اولمش اولورز *eghier olmich olourouz*, si nous sommes.

اكر اولمش اولورسز *eghier olmich oloursiz*, si vous êtes.

اكر اولمش اولورلر *eghier olmich olourler*, s'ils sont.

INFINITIF.

اولمق *olmaq*, être.

GÉRONDIFS.

ایکن *iken,* étant (*).

اولوب *oloup,* ayant été.

اولیجق *olidjaq,* devant être.

اولنجه *oloundjeh,* tandis qu'.... est, *ou* jusqu'à ce qu'.... soit.

PARTICIPE PRÉSENT.

اولان *olân,* étant, qui est.

PARTICIPES PASSÉS.

اولمش	*olmich,*	qui a été.
ou		
ایمش	*imich* (*),	
اولدوق	*oldouq,*	

PARTICIPES FUTURS.

اولاجق *oladjaq,* qui sera.

اوللو *olmalu,* qui doit être (nécessairement). (1)

(1) Pour les autres formes de gérondifs et de participes, *voyez* le paradigme de la conjugaison des verbes réguliers.

CHAPITRE IV.

DE LA FORMATION DES MODES ET DES TEMPS.

135. L'INDICATIF présent du verbe substantif se forme irrégulièrement; il n'est donc pas possible de dériver ce temps de la seconde personne de l'impératif, ni d'aucun autre temps: il est simple et entre comme élément dans la formation de divers modes.

136. L'imparfait et le parfait sont également irréguliers.

137. La première question qui se présente relativement aux deux imparfaits, est celle de savoir pourquoi l'on emploie deux termes différens pour *exprimer le même temps d'un verbe.* La réponse à cette question est qu'il n'y a pas identité complète entre ces deux temps de premier et de second imparfait: le premier sert à indiquer que l'action a eu lieu récemment; le second, qu'elle a eu lieu à une époque plus éloignée. On les emploie pour donner au discours plus ou moins de rapidité, et on les confond même quelquefois, comme quand nous confondons, en français, le futur avec le présent, en disant, *je vais* pour *j'irai demain à la campagne.* Le 2.e imparfait se forme du participe passé ايمش *imich*, et de l'indicatif présent ايم *im*, exactement de la même manière qu'en italien *sono stato.* La signification de ce dernier temps est plus fréquemment celle du passé que de l'imparfait.

138. Le futur du verbe substantif اولمق *olmaq*, être, est

le même que le présent du verbe méditatif اولمق *olmaq*, exister ; il se forme donc régulièrement. Rien n'est plus commun en turk que d'employer le futur pour le présent, et réciproquement le présent pour le futur, par la raison indiquée plus haut (n.° 137). Néanmoins, lorsque l'on veut préciser le temps de l'action au présent, on se sert du futur avec l'intercalation d'un ى, qui se place entre le ل et le و ; ex. اوليورم *oliourum*, je suis actuellement. Quand il s'agit d'exprimer positivement le futur, on se sert du participe futur اولاجق *oladjaq*, qui sera, devant être, combiné avec l'indicatif présent du verbe substantif ايم *im* ; ainsi l'on dit :

اولاجغم	*oladjaghïm*,	je serai *ou* je dois être.
اولاجقسن	*oladjaqsen*,	tu seras *ou* tu dois être.
اولاجقدر	*oladjaqdur*,	il sera *ou* il doit être.
اولاجغز	*oladjaghiz*,	nous serons *ou* nous devons être.
اولاجقسز	*oladjaqsiz*,	vous serez *ou* vous devez être.
اولاجقدرلر	*oladjaqdurler*,	ils seront *ou* ils doivent être.

139. L'impératif se forme régulièrement, et la seconde personne de ce mode (اول *ol*) entre nécessairement dans la formation des modes et temps réguliers. C'est ainsi que le temps qui vient de nous occuper (le futur), se forme de la seconde personne de l'impératif, par l'addition de la

terminaison ورم *ourum.* A l'exception du présent du subjonctif et du gérondif ایكن *iken,* tous les autres modes et temps de ce verbe sont dérivés du verbe اولمق *olmaq,* exister, et se conjuguent régulièrement.

CHAPITRE V.

PARADIGME DU VERBE NÉGATIF اولممق OLMAMAQ, *NE PAS ÊTRE.*

140. Le négatif du verbe اولمق *olmaq* se forme, comme tous les autres négatifs, par l'intercalation d'un م après la seconde personne de l'impératif (*voyez* ci-dessus n.° 119); néanmoins, quand il est pris dans l'acception du verbe substantif auxiliaire, ce négatif se conjugue comme l'affirmatif précédé de la particule négative دكل *deghil.*

Nous allons donner le paradigme des temps irréguliers; il sera facile au lecteur de former les temps réguliers, au moyen de la règle précédente.

CONJUGAISON DES TEMPS IRRÉGULIERS DU VERBE NÉGATIF اولممق *OLMAMAQ,* NE PAS ÊTRE.

INDICATIF.

PRÉSENT.

دكلم *deghil ïm,* je ne suis pas.

دکلسن	*deghil sen,*	tu n'es pas.
دکلدر	*deghil dur,*	il n'est pas.
دکلز	*deghil iz,*	nous ne sommes pas.
دکلسز	*deghil siz,*	vous n'êtes pas.
دکللردر	*deghil lerdur,*	ils ne sont pas.

IMPARFAIT et PRÉTÉRIT.

دکل ایدم	*deghil idum,*	je n'étois pas *ou* je n'ai pas été.
دکل ایدك	*deghil iduñ,*	tu n'étois pas *ou* tu n'as pas été.
دکل ایدی	*deghil idi,*	il n'étoit pas *ou* il n'a pas été.
دکل ایدك	*deghil iduk,*	nous n'étions pas *ou* nous n'avons pas été.
دکل ایدکز	*deghil ideñiz,*	vous n'étiez pas *ou* vous n'avez pas été.
دکل ایدیلر	*deghil idiler,*	ils n'étoient pas *ou* ils n'ont pas été.

SECOND IMPARFAIT et PRÉTÉRIT.

دکل یمشم	*deghil imichim,*	je n'étois pas *ou* je n'ai pas été.
دکل یمشسن	*deghil imichsen,*	tu n'étois pas *ou* tu n'as pas été.
دکل یمشدر	*deghil imichdur,*	il n'étoit pas *ou* il n'a pas été.

دكل يمشز *deghil imichiz*, nous n'étions pas *ou* nous n'avons pas été.

دكل يمشسز *deghil imichsiz*, vous n'étiez pas *ou* vous n'avez pas été.

دكل يمشلردر *deghil imichlerdur*, ils n'étoient pas *ou* ils n'ont pas été.

SUBJONCTIF.

PRÉSENT et FUTUR.

دكل يسم *deghil issam*, si je ne suis pas.

دكل يسك *deghil isseñ*, si tu n'es pas.

دكل يسه *deghil issa*, s'il n'est pas.

دكل يسك *deghil issek*, si nous ne sommes pas.

دكل يسكز *deghil isseñiz*, si vous n'êtes pas.

دكل يسه لر *deghil issaler*, s'ils ne sont pas.

IMPARFAIT.

دكل ايسيدم *deghil issaïdum*, si je n'étois pas.

دكل ايسيدك *deghil issaïduñ*, si tu n'étois pas.

دكل ايسيدى *deghil issaïdi*, s'il n'étoit pas.

دكل ايسيدك *deghil issaïduk*, si nous n'étions pas.

دكل ايسيدكز *deghil issaïdeñiz*, si vous n'étiez pas.

دكل ايسيديلر *deghil issaïdiler*, s'ils n'étoient pas.

GÉRONDIF.

دكل ايكن *deghil iken,* n'étant pas.

Les autres temps du verbe négatif dérivent du verbe régulier اولمق *olmamaq,* ne pas être, ne pas exister, et se conjuguent régulièrement.

CHAPITRE VI.

PARADIGME DES VERBES DE LA TROISIÈME PERSONNE واردر WARDUR, *IL Y A, ET* يوقدر ÏOQDUR, *IL N'Y A PAS.*

141. QUOIQUE toutes les anomalies qu'offre la conjugaison de ces deux verbes puissent s'expliquer au moyen du paradigme qui précède ; comme l'emploi de ces verbes est très-fréquent, nous allons en donner les temps irréguliers ; les autres sont empruntés des verbes اولمق *olmaq,* être, exister, et اولمق *olmamaq,* ne pas être.

TEMPS IRRÉGULIERS DES VERBES واردر *WARDUR,* IL Y A, ET يوقدر *ÏOQDUR,* IL N'Y A PAS.

INDICATIF.

PRÉSENT.

وار *war,* ou واردر *wardur,*	il y a.	يوق *ïoq,* ou يوقدر *ïoqdur,*	il n'y a pas.

PRÉTÉRIT ou IMPARFAIT.

وارايدى *waridi*, ou وارايمش *warimich*,	il y avoit *ou* il y eut.		يوغيدى *ïoghidi*, ou يوغيمش *ïoghimich*,	il n'y avoit pas *ou* il n'y eut pas.

SUBJONCTIF.

PRÉSENT.

وارايسه *warissa*, s'il y a.	يوغيسه *ïoghissa*, s'il n'y a pas.

PRÉTÉRIT ou IMPARFAIT.

اورسيدى *warsaïdi*, s'il y avoit eu.	يوغسيدى *ïoghsaïdi*, s'il n'y avoit pas eu.

GÉRONDIF.

وارايكن *wariken*, y ayant.	يوغيكن *ïoghiken*, n'y ayant pas.

142. Il résulte de ce paradigme que les troisièmes personnes du singulier et le gérondif du verbe substantif, joints aux particules وار *war* et يوق *ïoq*, expriment l'existence ou la non-existence de l'objet ou de l'action aux temps ci-dessus indiqués.

CHAPITRE VII.

DE LA CONJUGAISON DES VERBES RÉGULIERS.

143. On s'est déterminé à donner d'abord la conjugaison du verbe substantif, bien que, de tous les verbes turks, il soit à-peu-près le seul anomal, parce que ce verbe entre comme élément nécessaire dans la composition des temps de tous les autres. On espère démontrer que ceux-ci présentent dans leurs modes une parfaite régularité.

144. La distinction établie entre la première et la seconde conjugaison seroit juste, s'il existoit en turk comme en français des différences notables de terminaisons entre les principaux modes et temps des verbes, et notamment entre celles des seuls infinitifs. On conçoit en effet qu'il ne seroit pas possible, sans tomber dans une extrême confusion, de ranger dans la même classe deux verbes tels qu'*aimer* et *voir*, dont l'infinitif, les prétérits et les participes se terminent d'une manière si différente ; mais en jetant les yeux sur le paradigme des verbes turks, on voit que les désinences des infinitifs sont constamment analogues, et que tous les autres modes et temps dépendent du même système, sont subordonnés aux mêmes règles, et affectent les mêmes terminaisons.

145. Nous disons que tous les infinitifs se terminent d'une manière analogue ; et quelles lettres, en effet, présentent dans leur prononciation une analogie plus remarquable que le ك caractéristique de l'infinitif (en مك *mek*) de

la première conjugaison, et le ق caractéristique de l'infinitif (en مق *maq*) de la seconde!

146. Nous ne craignons donc pas d'avancer que les anomalies relatives des conjugaisons turkes tiennent entièrement à l'euphonie ; c'est ce dont on pourra se convaincre par l'étude du paradigme ci-joint, dans lequel se trouvent réunis et placés en regard deux verbes, dont l'un appartient à la première, et l'autre à la seconde conjugaison.

OBSERVATIONS

SUR LA FORMATION DES MODES ET TEMPS.

INDICATIF.

147. L'INDICATIF présent se forme au moyen du participe présent indéclinable سور *sever,* aimant, et des affixes ايم *ïm,* je suis, سن *sen,* tu es, &c. du verbe substantif.

Pour préciser le temps de l'action, on dit سويورم *seveïurum,* j'aime *actuellement.* Cette forme est plus usitée à Constantinople et parmi les personnes instruites, que dans l'Asie mineure et chez les Tartares.

148. L'imparfait se forme au moyen du participe présent سور *sever,* et de l'imparfait du verbe substantif.

149. Les observations que vient de nous fournir le deuxième présent, s'appliquent au deuxième imparfait; ainsi l'on dit سويوردم *seveïurdum,* j'étois dans l'action d'aimer, &c. Le troisième se forme du participe سور *sever,*

aimant, et du prétérit du verbe substantif ايمشم *imichem*, je fus. Ce temps indique l'existence d'une action qui a eu lieu à une époque assez éloignée ; ainsi l'on diroit كچن سنه استامبولده كزر ايمشم *ghetchen seneh Stamboul-deh ghezer imichem* (et non كزردم *ghezerdum*), je me promenois l'an passé dans Constantinople.

150. Le prétérit se forme de la deuxième personne de l'impératif et des affixes دم *dum*, دك *duñ*, دى *di*, &c., du verbe substantif.

151. La formation des deuxième et troisième prétérits résulte du participe passé سومش *sevmich*, suivi des affixes de l'indicatif présent, ou de celles du prétérit régulier du verbe substantif.

Le prétérit antérieur ou plusqueparfait se forme au moyen du même participe passé, et de l'imparfait du verbe substantif. On peut aussi dire سومش ايمشم *sevmich imichem*, ايمشسن *imichsen*, &c.

De ce participe, joint au futur du verbe اولمق *olmaq*, se forme le prétérit postérieur, sorte de temps qui sert à indiquer une action passée, subordonnée à une action future, comme quand on dit : *J'aurai fini quand vous viendrez.*

152. Le premier futur se forme comme le présent, et désigne la prochaine éventualité de l'action.

153. Le deuxième futur, qui indique la probabilité plus éloignée de l'action, se forme du participe futur سوجك

sevedjek, et des affixes de l'indicatif présent du verbe substantif. Dans les verbes terminés en مق *maq*, ce participe se termine par un ق, lequel se change en غ à la première personne du pluriel, par le motif exposé ci-devant (n.° 30).

154. Le troisième futur, qui indique la nécessité de l'action, se forme du participe en لو *lu*, suivi des mêmes affixes.

IMPÉRATIF.

155. L'impératif est souvent employé comme optatif ou comme concessif. En turk, la deuxième personne de ce mode entre comme radicale dans la formation de tous les autres temps du verbe. Mais les Tartares ajoutent souvent à cette deuxième personne la syllabe كيل *ghil* ou غيل *ghil*. Ex. تنكرى تعالى نڭ صويورغلرى سن مشرّف بولغيل *tangri ta'ala nuñ souïourghaleri sen mucherref boulghil*, jouis avec honneur des bienfaits du Très-haut.

SUPPOSITIF.

156. Nous avons adopté, d'après Beauzée, la dénomination de *suppositif*, pour indiquer le mode que les Italiens terminent en *rei*. Le présent de ce mode se forme comme l'imparfait de l'indicatif : on le confond souvent avec le futur, et même avec le prétérit. Ce dernier se compose en turk du participe سورمش *severmich*, suivi de l'imparfait de l'indicatif du verbe substantif, ou du participe

ticipe en مش *mich*, suivi de l'imparfait de l'optatif du même verbe.

OPTATIF.

157. Tous les temps de l'optatif peuvent être précédés des mots كه (qu'on prononce *ki*), que ; اولا كه *olaki*, نه اولا كه *n'olaki*, soit que ; كشكه *kechkeh* ou *kiachki*, بولايكه *boulaïki*, الله ويرسن كه *allah virsün ki*, qui signifient, plaise à Dieu, ou Dieu fasse que... Les prétérits admettent la première, la quatrième et la cinquième de ces formes, et de plus, les suivantes : نه اولايدى *n'olaïdi*, الله ويريدى *allah vireïdi*, plût à Dieu.

158. La troisième personne du présent de l'optatif, suivie des particules م ou يم, سن, يز, سز, et لر, sert à la formation des diverses personnes de ce même temps ; et il n'est pas inutile d'observer que ces particules sont à-peu-près, en turk, et plus encore en tartare, les caractéristiques des pronoms personnels affixes.

Cette troisième personne, jointe à l'imparfait du verbe substantif, forme l'imparfait du mode qui nous occupe.

159. Le prétérit et le prétérit antérieur se forment du participe en مش *mich*, suivi du présent et du prétérit antérieur de l'optatif du verbe اولمق *olmaq*, être.

SUBJONCTIF.

160. Tous les temps de ce mode supposent la pré-

sence de la particule conditionnelle اكر *eghier,* si. Cette particule est le plus souvent sous-entendue. Le présent se forme du présent du subjonctif du verbe substantif, précédé du participe indéclinable سور *sever.* Dans les verbes terminés à l'infinitif en مق, la lettre caractéristique de la première personne du pluriel est un ق et non un ك.

161. L'imparfait se forme de la deuxième personne de l'impératif, suivie des particules caractéristiques du présent.

162. La troisième personne du temps qui précède (سوسه *sevseh*), suivie de l'imparfait de l'indicatif du verbe اولمق *olmaq,* être, sert à former le prétérit antérieur.

163. Le prétérit et le deuxième prétérit antérieur se forment par la jonction du participe indéclinable en مش *mich,* avec le présent et l'imparfait du subjonctif du verbe substantif.

164. Le futur se forme du même participe, suivi du présent régulier du subjonctif du verbe اولمق *olmaq.*

INFINITIF.

165. L'infinitif, en turk, est un véritable nom d'action, qui se décline régulièrement. Les lettres ك ou ق, qui le terminent, s'élident et disparoissent très-souvent ; ainsi l'on dit au singulier nominatif, کورمه *ghurmeh,* l'action de voir, ou la vue ; génitif, کورمكك *ghurmeghuñ ;* datif, کورمکه *gurmegheh ;* ablatif, کورمکدن *ghurmekten ;* et, au plur. nom. کورمهلر *ghurmehler ;* génitif, کورمهلرك *ghurmehleruñ,* &c.

166. Ce mode, ainsi considéré, est susceptible de prendre les particules caractéristiques de tous les pronoms affixes, et certaines postpositions. Ex. كلمهم مقرر در *ghelmehm muqarrar dur,* ma venue est certaine; هر اغلامهنك كولمهسى وار در *her aghlamahnuñ gulmehsi war dur,* toute larme est suivie de rire (littéral. de chaque pleur son rire il y a); بلمكده *bilmekteh,* dans le savoir; كيتمكدن اول *ghitmekten ewel,* avant d'aller; اوقومقدن صكره *oqoumaqten soñra,* après avoir lu.

167. Le prétérit de l'infinitif se forme du participe passé indéclinable en مش *mich,* et de l'infinitif اولمق *olmaq.*

168. Le prétérit antérieur se forme du participe déclinable en دك *duk,* suivi de la particule caractéristique de l'ablatif, et de l'adverbe arabe اول *ewel* (pour اولا *ewelan*). Le participe présent indéclinable du verbe négatif entre quelquefois dans la composition de ce prétérit.

169. Le prétérit postérieur se forme, de même que le précédent, avec l'addition de l'adverbe صكره *soñra.*

170. Le futur se forme du participe en جق ou جك suivi du même infinitif.

GÉRONDIFS.

171. Les gérondifs que les Latins terminoient en *do* et en *dum,* ont, comme on sait, beaucoup d'affinité avec le

mode qui précède ; aussi les Turks les confondent-ils souvent : ces sortes de cas de l'infinitif donnent lieu à quelques observations.

172. سور ایکن *sever iken* est un composé du participe présent indéclinable du verbe principal et du gérondif du verbe substantif : il signifie littéralement *étant aimant.*

173. Le gérondif سوپ *sevup,* se forme de la 2.e personne de l'impératif, suivie de la syllabe وپ *up,* qui se change en یوپ *ïup,* lorsque cette deuxième personne se termine par un ه ; ce gérondif peut quelquefois être traduit par le présent, mais le plus souvent il indique une action passée. Voici un exemple qui offre l'application des deux observations précédentes. Ex. کاملك بو درکه بر سویلیوپ ایکی دیکه مك *kiamillik bou dur ki bir seüleüp, iki dinemek ;* la perfection consiste à écouter deux fois avant de parler une.

174. Nous n'avons point en français de temps qui réponde exactement au gérondif en رك *rek;* il exprime en turk la continuité de l'action ; ex. سوره رك یتشتم *surerek ietichtum,* en courant (ou à force de courir) je suis arrivé. La particule رك ou رق est quelquefois sous-entendue ; mais alors on répète le verbe ; ex. کوله کوله بایلدم *ghuleh ghuleh baïldum,* je me suis pâmé à force de rire. Cette dernière forme remplace aussi l'infinitif ; ex. بونی ایده بلورمیسن *bouni edeh bilurmisen,* sais-tu faire cela !

175. Trois sortes de gérondifs se forment par l'addition des particules نجه *indjeh*, دكجه *duktcheh* ou دقجه *duqtcheh*, دكك *dukteh* ou دقك *duqteh* : ils servent à exprimer les divers degrés de l'éventualité de l'action. Ex. سن دوننجه صبر ايدرم *sen dunundjeh sabr ederum*, j'aurai patience jusqu'à ce que tu viennes; كيتدكجه بيور *ghittiktcheh buïur*, à mesure qu'il avance, il grandit; انى سير ايتدكده شاشدى *ani seïr ettukteh chachti*, en l'apercevant il fut étonné.

176. Les deux formes سومكك *sevmekteh* et سومكيله *sevmeghileh*, évidemment dérivées de l'infinitif, sont, comme les précédentes, employées à exprimer le gérondif en *do;* et c'est ici le cas de remarquer que quelque embarrassante que puisse paroître, au premier coup-d'œil, une telle multiplicité de formes, elle offre néanmoins des avantages réels et un moyen sûr et facile de parvenir à l'intelligence du discours, attendu que les Turks n'ayant aucune idée de notre système de ponctuation, et leurs phrases étant, en général, fort longues, les gérondifs servent à indiquer la suspension du sens.

PARTICIPES.

177. Les participes ont une double fonction : ils expriment tantôt une action et tantôt un état. Dans le premier cas, ils sont indéclinables et entrent comme élémens nécessaires dans la conjugaison de certains temps du verbe. C'est ainsi qu'on a vu le participe présent سور *sever,* com-

biné avec divers modes et temps du verbe substantif, servir à la formation de tous les temps présens et futurs de l'indicatif, du suppositif et du subjonctif, et le participe passé سومش *sevmich*, employé concurremment avec divers autres modes et temps du même verbe, exprimer presque tous les temps passés.

178. Il n'en est pas de même des participes déclinables. Ceux-ci font l'office de vrais noms adjectifs, et peuvent par conséquent s'offrir sous la forme du singulier ou du pluriel, affecter les terminaisons des cas, et prendre les pronoms et les particules affixes qui suivent ordinairement les noms. Ex. سو سنی سونی *sev seni seveni*, aime celui qui t'aime ; کلدی سودکم *gheldi sevdughum*, celle que j'aime est venue. La raison de cette règle est fort simple : en turk, comme dans plusieurs autres langues, il existe réellement des noms qui *participent* de la nature du verbe et de celle du nom ; or, comme on a la faculté d'exprimer par la variété des désinences les diverses modifications de temps et de nombres dans les verbes, de cas et de nombres dans les noms, il devient facile d'établir une distinction précise entre les mots destinés à exprimer une action, et ceux dont l'office consiste à indiquer un attribut, une qualité, un état. Dans le premier cas, ils sont indéclinables, et concourent avec le verbe substantif à la formation d'un grand nombre de modes et temps ; dans le second, ils se déclinent et peuvent être confondus avec les noms, à tel point qu'on les trouve sous cette forme dans la plupart des lexiques.

179. Le participe déclinable en دك ou en دوق, paroît avoir été formé, dans l'origine, de la troisième personne du prétérit, suivie de la particule كي ou غي, qui signifie *qui, lequel, laquelle.* Il en résulte que, dans la traduction française des phrases turkes où ce participe se trouve employé, on voit presque toujours reparoître un de ces mots conjonctifs, ou de ses équivalens. *Voyez* le 2.e exemple cité plus haut (n.° 178).

180. Les participes futurs sont l'un et l'autre indéclinables; néanmoins, le premier (en جك ou جوق) est susceptible de prendre les particules caractéristiques des pronoms affixes, et d'être alors considéré comme nom. Ex. كلجكى بللو دكل *gheledjeghi bellu deghil,* il n'est pas certain qu'il vienne ; litt. sa venue n'est pas certaine.

181. Le participe en ملو indique toujours la nécessité de l'action. Ex. هيچ كيمسه يه معلوم اولمملو *hitch kimsehieh ma'aloum olmamalu,* qu'il ne soit absolument connu de personne.

182. Les Turks ont enfin une sorte de participe qui se forme de l'infinitif scindé سوه *seveh,* et de la particule لو *lu,* indicative de la possession, de la dotation et de l'appartenance (n.° 63). Ex. اوچ يل وار بز كلهلو *utch ïl war biz ghelehlu,* il y a trois ans que nous sommes venus. Mais comme ces participes ne diffèrent en rien des adjectifs, soit qu'on les considère sous le rapport de la signification, soit qu'on

les étudie relativement à la forme sous laquelle ils se présentent, nous n'avons pas cru devoir leur donner place dans un tableau dont l'objet est uniquement d'indiquer les principales modifications qu'éprouve la conjugaison des verbes.

OBSERVATIONS GÉNÉRALES

SUR LA CONJUGAISON DES VERBES DÉRIVÉS.

---

§. I.er *Du Verbe négatif.*

183. Nous avons vu plus haut (n.° 128) qu'à l'exception du négatif, tous les verbes dérivés suivent, dans leurs conjugaisons, une marche uniforme et régulière : il devient donc nécessaire d'examiner en quoi consiste l'exception, et jusqu'à quel point il convient d'appliquer à la conjugaison des verbes dont la forme indique une négation ou une impossibilité absolue, les règles précédemment exposées.

184. Le signe caractéristique du verbe négatif est le م intercalé immédiatement après la radicale, dans tous les modes et temps; et il est à croire, au moyen de cette intercalation, que si le participe présent indéclinable se formoit régulièrement, tous les temps où ce participe existe, soit exprimé, soit sous-entendu, seroient assujettis aux règles communes ; mais il n'en est point ainsi : le participe indéclinable ne se termine point au négatif, comme à l'affirmatif, par la lettre ر, mais bien par la syllabe مز, qu'on écrit

écrit aussi مازر , et qu'on prononce *mez* ou *maz,* selon que l'infinitif se termine en مك ou en مق ; et de là naissent toutes les anomalies.

185. En effet, qu'on jette un coup d'œil sur le paradigme des verbes négatifs (1), et l'on s'apercevra bientôt qu'en général les temps qui indiquent une action passée, se conjuguent avec une parfaite régularité. Ainsi, ايتمدم *etmedum,* je n'ai pas fait, ne diffère de ايتدم *ettum,* j'ai fait, que par l'intercalation du م qui caractérise la négation. L'imparfait, le prétérit antérieur du subjonctif ايتمسم *etmessam,* ايتمسيدم *etmessaïdum,* les participes ايتمامش *etmemich,* ايتمدك *etmeduk,* &c., sont dans le même cas.

186. Dans tous les temps présens, au contraire, le participe en مز forme la négation ; ainsi ايتمزم *etmezim,* ou par contraction ايتمم *etmem,* signifie, je ne suis point faisant, je ne fais pas ; ايتمز ايسم *etmez issam,* si je ne fais pas ; ايتمز ايكن *etmez iken,* en ne faisant pas, &c.

187. Cette règle souffre néanmoins quelques exceptions. Au présent de l'optatif, par exemple, on change en ي le ز final du participe indéclinable, et l'on dit ايتميم *etmeïm,* pour éviter la confusion qui aurait nécessairement lieu si les deux formes étoient identiques ; tandis que, d'un autre

(1) *Voyez* le Tableau ci-joint.

côté, le participe en مز entre dans la formation de l'imparfait de l'indicatif, quoique ce temps indique une action passée.

188. Les observations qui précèdent s'appliquent littéralement à la conjugaison du verbe impossible.

§. II. *Du Verbe passif.*

189. Le paradigme de la conjugaison des verbes actifs peut servir de modèle et de règle pour celle des passifs. Remarquons néanmoins que le changement en ن du ل caractéristique de cette forme a lieu dans toute la conjugaison : 1.° lorsque la radicale du verbe se termine par une des lettres ا, و, ه, ى. Ex. آرامق *aramaq*, chercher, آرانمق *aranmaq*, être cherché ; اوقومق *oqoumaq*, lire, اوقونمق *oqounmaq*, être lu ; اودهمك *eudemek*, payer, اودهنمك *eudenmek*, être payé ; ديمك *dimek*, dire, دينمك *dinmek*, être dit ; 2.° lorsque cette terminaison est un ل. Ex. بسلمك *beslemek*, nourrir, élever, بسلنمك *beslenmek*, être nourri.

§. III. *Du Verbe transitif.*

190. Une remarque analogue s'applique à la conjugaison du verbe transitif : la syllabe در, qui le caractérise, se change souvent en ت, après les verbes dont la radicale se termine par une des lettres ا, ر, ل, و, ه. Exemples : آراتمق *aratmaq*, et non آرادرمق *aradurmaq*, faire chercher ; سمرتمك *semretmek*, engraisser ; اوتلاتمق *otlatmaq*, faire paître ; بيوتمك *buïutmek*, faire grandir ; اودهتمك

eudetmek, faire payer. Néanmoins, cette syllabe reparoît au participe présent indéclinable et dans tous les temps formés au moyen de ce participe (177), ainsi que la chose a généralement lieu pour les verbes dont la radicale se termine par un ت, tels que ايتمك *itmek*, faire ; كيتمك *ghitmek*, aller, &c.

191. La règle qui précède ne s'applique pas toujours rigoureusement aux verbes terminés à la radicale par un ل ; car on dit très-bien الدرمق *aldurmaq*, faire prendre; بلدرمك *bildurmek*, faire savoir ; et même en tartare كلدرمك *gheldurmek*, faire venir, d'où les Turks ont fait كتورمك *gheturmek*, apporter (étymologie assez curieuse, dont l'exactitude est prouvée par le manuscrit en caractères ouïgours de la Bibliothèque du Roi).

192. Dans certains cas, comme dans les verbes شاشرمق *chachermaq*, troubler ; كچرمك *ghetchermek*, faire passer, la syllabe در se change en ر, pour éviter le concours de deux lettres trop dures. Mais ces cas sont rares, et le plus souvent on reste dans la règle commune. Ex. بارشدرمق *barichturmaq*, pacifier ; اچدرمق *atchturmaq*, faire ouvrir, &c.

§. IV. *De quelques Verbes de la troisième personne.*

193. Le verbe *il faut* se rend par كركدر *gherekdur* (littéralement, *nécessaire il est*) ; ce verbe est donc, en turk comme en françois, l'un de ceux qu'on peut placer au rang des verbes de la troisième personne : néanmoins, on dit très-bien

كيتمك كركم *ghitmek ghereghim*, il faut que j'aille (littéralement, *aller nécessaire je suis*), كركسن *ghereksen*, tu es, &c. A la troisième personne, le verbe substantif est souvent sous-entendu.

194. Au lieu de *il pleut, il neige, il tombe de la grêle*, on dit يغمور يغر *ïaghmour ïaghar* قار يغر *qar ïaghar*, دولو يغر *dolou ïaghar* (littéralement, il pleut de la pluie, de la neige, de la grêle). Pour dire *il tonne, il vente*, on se sert des périphrases كوك كورليور *gheuk gheurleïur*, le ciel tonne; روزكار اسيور *ruzghiar asïur*, le vent souffle.

195. Le sujet vague qu'on exprime en françois par le mot *on*, se rend en turk par la troisième personne du pluriel, ou par la voie passive. Exemple : ديرلر *derler* ou دينور *dinur*, on dit; كيدرلر *ghiderler* ou كيديلور *ghidilur*, on va.

CHAPITRE VIII.

DES POSTPOSITIONS.

196. Il n'existe point en turk de prépositions; ces sortes de mots, destinés à déterminer la nature des rapports qui peuvent exister entre un terme antécédent et un conséquent, se placent après le dernier: il convient donc de les nommer *postpositions*.

197. Les lettres ou les syllabes indicatives des cas, dans

la déclinaison des noms et des pronoms, sont de véritables postpositions.

198. Les autres postpositions sont ou des mots indéclinables, ou des noms susceptibles d'admettre les affixes caractéristiques des cas et des pronoms possessifs.

199. Les principales postpositions indéclinables sont :

اشره	*achreh*, au-delà.	تك	*tek*, } jusqu'à.
اوترو	*uturu*, à cause.	دك	*dek*, } jusqu'à.
اوته	*euteh*, outre.	دكين	*deghïn*, } jusqu'à.
اوزره	*uzreh*, sur.	ده	*deh*, dans.
اوّل	*ewel*, } avant.	سز	*siz*, sans.
اقدم	*aqdam*, } avant.	صكره	*soñra*, après.
اچون	*itchun*, pour.	غيرى	*ghaïri*, } indépendamment.
اچرو	*itchru*, intérieurement.	ماعدا	*ma'ada*, } indépendamment.
ايله	*ileh*, avec.	كبى	*ghibi*, comme.
برو	*beru*, depuis.	كوره	*ghureh*, selon, d'après.

200. Les postpositions اشره *achreh*, اوزره *uzreh*, ده *deh* et سز *siz*, s'offrent presque toujours unies au cas direct ou au nominatif. Ex. سلانيك اشره *Selanik achreh*, AU-DELÀ de Salonique ; باش اوزره *bach uzreh*, SUR la tête ; شهرده *cheherdeh*, DANS la ville ; شبهسز *chubhesiz*, SANS doute.

201. Les postpositions اچون *itchun*, ايله *ileh* et كبى *ghibi*, sont assujetties à la même règle ; mais elles gou-

vernent quelquefois aussi le génitif. Ex. بنم ايچون *benum itchun*, POUR moi; سنك ايله *senuñ ileh*, AVEC toi; انك كبى *anuñ ghibi*, COMME lui.

202. Les postpositions دك *dek* ou دكين *deghïn*, et كوره *ghureh*, régissent le datif. Exemples: كون بازاره دك *ghun bazareh dek*, JUSQU'À dimanche; بو زمانه دكين *bou zemaneh deghïn*, JUSQU'À ce temps; ديدككه كوره *dedighuñeh ghureh*, SELON *ou* D'APRÈS ce que tu dis, ce que tu as dit.

203. Les postpositions اوترو *uturu*, اوته *euteh*, برو *beru*, et صكره *soñra*, exigent l'emploi de l'ablatif. Ex. بزدن اوترو *bizden uturu*, À CAUSE de nous; دكزدن اوته *deñizden euteh*, AU-DELÀ de la mer; بر آيدن برو *bir aïden beru*, DEPUIS un mois; سفردن صكره *seferden soñra*, APRÈS la guerre. Il en est de même des adverbes arabes اوّل *ewel*, ou اقدم *aqdam*, غيرى *ghaïri*, ou ماعدا *ma'ada*, qui sont fréquemment employés en turk comme postpositions. Ex. اندن اوّل *anden ewel*, ou اندن اقدم *anden aqdem*, AVANT lui, AVANT cela; بوندن غيرى *bounden ghaïri*, ou ماعدا *ma'ada*, INDÉPENDAMMENT de ceci.

204. Il est encore une postposition indéclinable, qui se place immédiatement après toute espèce de noms, de

pronoms ou de verbes ; c'est la particule مى *mi*, qui toujours indique l'interrogation. Ex.

اوكمى يانىدى	*evuñ mi ïandi*,	est-ce ta maison qui a brûlé!
كيفنكز ايومى	*keïfeñiz eïu mi*,	votre état est-il bon!
سن مى سن	*sen mi sen*,	est-ce toi qui es!
شاهدلرى وارمى	*chahedleri warmi*,	a-t-il des témoins!

205. Les postpositions susceptibles d'admettre les terminaisons caractéristiques des cas et les pronoms possessifs, sont de vrais noms déclinables:

Tels sont:		Exemples.	
ارا	*ara*, entre;	ارامزده	*aramuzdeh*, entre nous.
ارد	*ard*, derrière;	دوشمنك اردنده	*duchmenuñ ardendeh*, derrière l'ennemi.
اشاغى	*achagha*, dessous;	اغاجك اشاغا سنده	*aghadjuñ achagha sindeh*, au-dessous de l'arbre.
الت	*alt*, sous;	اياق التنده	*aïaq altendeh*, sous les pieds.
اورته	*ortah*, milieu;	چاى اورته سندن	*tchaï ortasinden*, du milieu du fleuve.
اوست	*ust*, sur;	باش اوستنه	*bach ustuneh*, sur la tête, (vulg. volontiers).
اچ	*itch*, dans;	صندوق اچنه	*sandouq itchineh*, dans le coffre.
اچرو	*itcheru*, dedans;	قپودن اچرو كيرمك	*capouden itcheru ghirmek*, entrer par la porte.
ايلرو	*ileru*, devant;	كروانك ايلروسى	*kervanuñ ilerusi*, le devant de la caravane.

بيــن *beïn*, entre, parmi ; ايكي دولتما بينندە *iki devlet ma beïnindeh*, entre deux puissances.

ديب *dip*, sous, au pied de . . . طاغك ديبنه *daghuñ dibineh*, au pied de la montagne.

طشره *dichra*, hors, dehors ; حددن طشــره *hadden dichra*, hors de (toute) limite.

طرف *taraf*, côté ; طرفكزدن *tarafeñizden*, de votre côté.

قارشى *qarchi*, vis-à-vis ; قارشيه كچمك *qarchieh ghetchmek*, passer vis-à-vis.

يان *ïan*, auprès ; كبارك يانندە *kibaruñ ïanindeh*, auprès des grands.

يوقرو *ïoqaru*, en haut ; يوقرودن دوشمك *ïoqaruden duchmek*, tomber d'en haut.

CHAPITRE IX.

DES ADVERBES.

206. INDÉPENDAMMENT des expressions adverbiales et indéclinables dont le sens est suffisamment expliqué par les lexiques, les Turks ont trois manières de former leurs adverbes : 1.° au moyen d'adjectifs pris adverbialement ; 2.° au moyen de noms substantifs ou conjonctifs isolés ou suivis de diverses postpositions ; 3.° par l'addition à certains adjectifs, de la particule جه *djeh*, چه *tcheh* ou نجه *indjeh*.

207. On peut ranger au nombre des adverbes indéclinables اوت *ewet* ou بلى *beli*, oui, certainement ; يوق *ïoq*,

ïoq, non ; پك *pek*, très, très-fort ; دمين *demïn*, dans l'instant ; هنوز *henouz*, tout-à-l'heure, &c.

208. Le nombre des adjectifs pris adverbialement est très-considérable, car, outre les mots de ce genre tirés de leur propre langue, les Turks en font un fréquent usage d'autres textuellement empruntés de l'arabe ou du persan; et l'on sait que, dans la première de ces langues, il n'est aucun nom, aucun adjectif, aucun verbe, qui ne puisse devenir adverbe (1). Nous nous bornerons donc à transcrire ici les plus usités.

Adjectifs adverbiaux,

DE QUANTITÉ.

از *az*, peu.
چوق *tchoq*, beaucoup.
ارتق *'arteq*, plus.
اكسك *eksik*, moins.
صق *sek*, souvent.
نادر *nadir*, } rarement.
سيرك *seïrek*, } rarement.

DE QUALITÉ.

ايو *eïu*, } bien.
خوش *khoch*, } bien.
كوزل *ghuzel*, } bien.
بد *bed*, } mal.
فنا *fena*, } mal.
نافله *nafileh*, inutilement.

DE TEMPS.

تيز *tiz* ou *tez*, vîte.
چاپوق *tchapouq*, promptem.[t]
ياواش *ïawach*, lentement.
اركن *erken*, de bonne heure.
كچ *ghetch*, tard.

DE LIEU.

ياقن *ïaqen*, près.

(1) M. de Sacy, Principes de grammaire générale, pag. 71; — Gramm. arabe, tom. I.er, pag. 369.

اوزاق *ouzaq*, loin.

طوغرو *doghrou*, droit.

اكرى *eghri*, de travers.

D'AFFIRMATION.

كرچك *ghertchek*, vrai, véritablement.

DE NÉGATION.

يالان *ïalan*, faussement.

Adverbes formés au moyen de Noms substantifs ou conjonctifs isolés ou suivis de diverses Postpositions.

1.° ADVERBES DE TEMPS.

بو كون *bou ghun*, aujourd'hui.

دون *dun*, hier.

يارين *ïarïn*, demain.

شمدى *chïmdi*, maintenant.

صباح *sabah*, le matin.

چيك صباح *tchïñ sabah*, de grand matin.

اخشام *akhchâm*, le soir.

اويلن *euïlen*, à midi.

كيجه *ghidjeh*, de nuit.

كيجه كوندز *ghidjeh-ghunduz*, nuit et jour.

يازين *ïazïn*, d'été.

قيشين *qichïn*, d'hiver.

ياتسين *ïatsïn*, à 3 h. avant le coucher du soleil.

قوشلقن *qouchlouqen*, à 3 h. après le lever du soleil.

ايكنديين *ikïndïn*, aux 3 quarts de la journée.

بولدر *bouldur*, l'an passé.

كچنلرده *ghetchenlerdeh*, autrefois.

2.° DE LIEU.

بورادە *bouradeh*, ici.
بوندە *boundeh*, ici.
شوندە *choundeh*, ici.

اندە *andeh*, là.

بريدە *berudeh*, de ce côté-ci.

اوتەدە *eutehdeh*, de ce côté-là.

هر يردە *her ïerdeh*, par-tout.

هيچ بر يردە *hitch bir ïerdeh*, nulle part.

صاغدە *sâghdeh*, à droite.

صولدە *sôldeh*, à gauche.

اچردە *itcherdeh*, dedans.

طشردە *dichardeh*, dehors.

3.° INTERROGATIFS.

نە *neh*, quoi!

نيچون *nitchun*, pourquoi!

نيجه *nidjeh*, comment!

نه شكل *neh chikl*, de quelle espèce!

نره يه *nerehïeh*, où! (vers quel lieu!)

نره ده *nerehdeh*, où! (dans quel lieu!)

قنيه *qanieh* (vulg. *haniah*), où!

قچ *qatch*, combien!

قچان *qatchân*, quand!

4.° DÉMONSTRATIFS.

ايشته ou اشته *ichteh*, voici.

5.° DUBITATIFS.

بلكى ou بلكه *belki*, peut-être.

EXPRESSIONS ADVERBIALES empruntées de la Langue arabe.

1.° ADVERBES DE QUANTITÉ.

افراط *ifrat*, excessivement (1).

غايت *ghaïet*, extrêmement.

وافراً *vafiran*, abondamment.

2.° DE QUALITÉ.

اعلا *a'ala*, très-bien.

اكراماً *ikraman*, honorablement.

رعايتاً *ra'aïetan*, respectueusement (2).

مرحمتاً *merhametan*, miséricordieusement.

معقولاً *ma'aqoulan*, convenablement.

3.° D'ORDRE.

اولاً *ewelan*, } d'abord.
ابتداً *iptida*, }
مقدماً *muqdaman*, }

عاقبتاً *aqibetan*, enfin.

نوبتاً *neubetan*, } alternativement.
نوبتيله *neubet ileh*, }

4.° DE TEMPS.

حالاً *hala*, actuellement.

دائماً *daïman*, toujours.

ابداً *abedan*, jamais.

(1) En turk, l'usage autorise souvent à supprimer la nunnation qui caractérise les adverbes arabes : ainsi, dans les exemples proposés, افراط est pour افراطاً, غايت pour غايتاً, &c.

(2) On dit aussi رعايتله *ra'at ileh*, مرحمت ايله *merhamet ileh*, &c.

اصلا *aslan*, absolument.

اتفاقا *ittifâqan*, par hasard.

6.° AFFIRMATIFS.

ظاهر *zâhir*, apparemment.

تحقيقا *tahqiqan*, certainement.

صحيح *sahih*, sûrement.

مقررا *muqarraran*, fermement.

7.° NÉGATIFS, RESTRICTIFS OU DUBITATIFS.

خير *khaïr*, non (litt. mieux).

حاشا *hacha*, à Dieu ne plaise!

فقط *faqat*, seulement.

صورتا *souretan*, en apparence.

209. La particule adverbiale جه *djeh*, چه *tcheh* ou نجه *indjeh*, s'ajoute, 1.° aux noms ethniques ou d'habitans de lieux, de pays, de contrées. Ex. فرانسزجه *fransezdjeh*, à la françoise; نمچهجه *nemtchedjeh*, à l'allemande; ترکچه *turktcheh*, à la turque; 2.° à certains adjectifs arabes, turks ou persans. Ex. موجبنجه *moudjibindjeh*, conformément; اوغرنجه *oghroundjeh*, à la dérobée; خوشجه *khochdjeh*, bien, agréablement; 3.° à certains noms composés, comme فارسی دلنجه *farsi dilindjeh*, selon la langue persane; عثمانلی عادتنجه *osmanli adetindjeh*, selon la coutume ottomane.

CHAPITRE X.

DES CONJONCTIONS.

210. L'OFFICE des conjonctions est de lier entre elles les diverses parties d'une phrase, ou plutôt les diverses propositions qui dépendent les unes des autres. En turk, les particules ou les expressions conjonctives destinées à remplir cet office, se placent ordinairement entre le terme antécédent et le terme conséquent du rapport qu'elles indiquent.

211. Les conjonctions turkes sont simples ou composées (1). Les conjonctions simples sont celles qui sont exprimées par un seul mot ; les composées sont celles qui sont formées de plusieurs. On peut aussi donner à ces dernières les noms de phrases ou de locutions conjonctives.

212. Les principales d'entre les conjonctions simples sont :

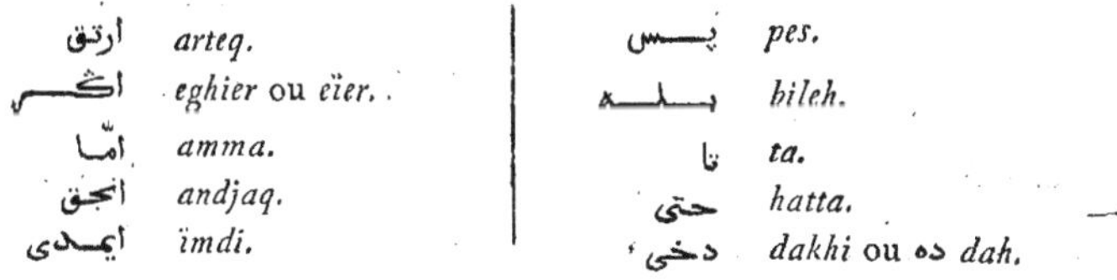

ارتق	*arteq.*	پس	*pes.*
اكر	*eghier* ou *eïer.*	بله	*bileh.*
اما	*amma.*	تا	*ta.*
انجق	*andjaq.*	حتى	*hatta.*
ايمدى	*imdi.*	دخى	*dakhi* ou ده *dah.*

(1) Ce n'est pas sans regret que nous admettons cette distinction repoussée par Beauzée ; mais, malgré l'opinion de ce savant grammairien, il nous semble qu'un grand nombre de locutions conjonctives peuvent, sans inconvénient, être classées parmi les conjonctions.

زیرا	*zira.*	كه	*ki.*
كاه	*ghiah.*	مكر	*meghier* ou *meïer.*
كرك	*gherek.*	نه	*neh.*
كنه	*gheneh* ou ينه *ineh.*	و	*ve.*
كويا	*gheüia.*	يا	*ïa* ou ياخود *ïakhod.*

213. Le nombre des conjonctions composées ou des locutions conjonctives est trop considérable pour entrer convenablement dans des élémens de grammaire ; c'est proprement au dictionnaire et à l'usage à en faire connaître les différentes significations. Nous nous bornerons donc à proposer comme exemples :

اكرچه	*eïertcheh.*	طونكه	*tout ki.*
الّا	*illa.*	فارضاكه	*fareza ki.*
بويله	*beuïleh.*	كوياكه	*gheuïa ki.*
چونكه	*tchun ki.*	مادام كه	*ma dam ki.*
شويله	*cheuïleh.*	يوخسه	*iokhsa.*
صانكه	*san ki.*		

Observations sur les Conjonctions simples.

214. L'adjectif adverbial ارتق *arteq* signifie *plus* (208) ; mais il est souvent employé comme conjonction, dans le sens de *au reste, au surplus.* Ex. ارتق سن بندن ايو بلورسن *arteq sen benden eïu bilursen*, AU RESTE, tu le sais mieux que moi ; بروسه‌يه ارتق كدلمز *Boursaïah arteq ghidilmez*, on ne va PLUS à Brousse.

215. La conjonction اكر *eghier* (qu'on prononce le plus souvent *eïer*) est conditionnelle, et précède toujours le verbe au mode subjonctif. Exemple : اكر هر استدككى ديرسك سندن اوترو استمدككى ديرلر *eïer her istedugheñi dersañ, senden uturu istemedugheñi derler,* SI tu dis tout ce qu'il te plaît (de dire), on dira de toi ce que tu ne voudrois pas qu'on dît.

216. Les conjonctions امّا *amma* et انجق *andjaq* sont adversatives et signifient *mais*. Ex. سويلمز امّا بلور *seuïlemez amma bilur,* il ne parle pas, MAIS il sait; انجق شو شرطيله كه *andjaq chou chartileh ki,* MAIS avec cette condition que.

217. La conjonction ايمدى *ïmdi* peut être appelée *conclusive*, et être traduite par *donc ;* on la place indifféremment avant ou après le verbe. Ex. ايمدى كل *ïmdi ghel,* viens DONC ; ou بقلم ايمدى *baqalum ïmdi,* voyons DONC.

218. La conjonction پس *pes* est peu usitée ; elle signifie *or ;* on la joint à la précédente. Exemple : پس ايمدى نه وجهيله يازملو ايز *pes ïmdi neh vedjhileh iazmalu iz ,* OR DONC, de quelle manière devons-nous écrire ?

219. La conjonction périodique بله *bileh,* même, sert à donner plus d'énergie au discours. Ex. تجربة ايتمدككك ادميله بله طورمه *tedjribeh etmedughuñ adamileh bileh dourmah,*

ne t'arrête (MÊME) pas avec un homme que tu n'as point éprouvé. En tartare, cette particule بله *bileh* n'est point une conjonction, mais un adverbe qu'on doit traduire par *avec.* Ex. يتمش ميك فرشتالر بله *ïetmich mïñ ferichtaler bileh,* AVEC soixante et dix mille anges.

220. تا *ta* est une conjonction persane moins usitée dans le discours que dans l'écriture; elle signifie, *jusqu'à ce que, pour, afin que.*

221. حتى *hatta* est un adverbe arabe qui s'emploie comme conjonction dans le sens de *et même, au point, tellement que.*

222. Les conjonctions دخى *dakhi* (qu'on prononce *daha*) et ده *deh* sont augmentatives et copulatives; elles signifient, *encore, aussi, même, et.* Ex. بو دخى مناسب *bou daha munasib,* ceci ENCORE (est) convenable; بلمديككى سويلرسن بلدككى دخى هر يرده سويلمه *bilmedughiñi seuïlersen, bildughiñi daha her ïerdeh seuïlemeh,* tu parles de ce que tu ignores; ne parle pas en toute occasion, MÊME de ce que tu sais. سنده قلم طوتدك بنده رقم ايتدم *sen deh qalem toutuñ ben deh raqam ettum,* tu as pris la plume, ET j'ai fait le calcul.

223. L'adverbe arabe زيرا est conjonctif en turk, et signifie *car, parce que.*

224. Les conjonctions كاه *ghiah* et كرك *gherek* sont alternatives;

alternatives ; la première est persane, et la seconde est turke : l'une et l'autre signifient *soit, tantôt.* Exemples :

كاه روانى وكاه كركوك طرفنده اولان بعض محللرى

ghiah Rewani, ghiah Kerkouk tarafindeh olân ba'az mahalleri, certains lieux situés, SOIT auprès d'Érivan, SOIT auprès de Kerkouk ; كرك سزك حضوركزده كرك اللهك حضورنده

gherek sizuñ huzoureñizdeh, gherek Allahuñ huzourindeh, SOIT en votre présence, SOIT en présence de Dieu.

225. La conjonction augmentative كنه signifie *encore, et encore.* (Les Tartares écrivent ينه et prononcent *ineh.*) Exemple : نور عالملر طوتوب طورمشلر ينه بر عالمك قاتنده

nour a'lemler toutoup dourmichlar, ineh bir alemuñ qatindeh... ils restoient tenant des drapeaux de lumière, ET ENCORE auprès de chaque drapeau...

226. Le mot كه *kih* ou *ki* (qu'on écrit en tartare كيم ou كى) s'emploie comme adjectif conjonctif et comme conjonction déterminative : nous avons indiqué ci-dessus (n.os 86 et 87) les cas où ce mot est pris dans la première de ces acceptions ; les exemples suivans feront voir en quelles circonstances il doit être considéré comme conjonction :

اخرة تداركنى دنياده حاضر ايله كه اخرتده زحمت چكميه‌سن

akhiret tedarekini duniadeh hâzer eïleh, ki akhiretdeh zahmet tchekmeïessen, fais en ce monde tes préparatifs pour la vie future, AFIN DE n'avoir pas de peines à souffrir dans l'autre; نموده محبّانه مز بودركه *nemoudeh'i muhibbaneh muz bou dur ki*, notre exposition amicale est QUE (1); اندن صكرا كوردوم كيم *anden soñra gheurdum kim*, après cela, je vis QUE..... جبرايلدن صوردوم كى *Djebraïlden sourdum ki*, je demandai à Gabriel SI.....

Cette conjonction, précédée de divers adverbes, ou de divers noms pris adverbialement, entre dans la composition de plusieurs locutions conjonctives.

227. La conjonction مكر *meïer* est conditionnelle, et signifie *si ce n'est*. Ex. اسكى عادت كسلمز مكر زحمت ايله *eski a'det kesilmez meïer zahmet ileh*, une ancienne habitude ne se détruit qu'avec peine (littéralement, SI CE N'EST avec peine). (2)

228. La conjonction نه *neh* est copulative; elle signifie *ni* ou *ne*; on la répète quand il s'agit de distinguer ou d'énumérer. Ex. نه فقركدن شكايت ايله نه زنلككدن حكايت ايله *neh faqriñden chekiaïet eïleh, neh zenlighiñden hekiaïet eïleh*, NE te plains pas de ta misère, NE te vante pas de ta richesse.

---

(1) Cette formule offre, dans les mots نموده محبّانه *nemoudeh'i muhibbaneh*, un exemple de l'espèce d'annexion que les grammairiens désignent sous le nom de اضافت لفظيه *izafet lafzïet*. (Voyez ci-dessus, pag. 18, n.° 43, et la Grammaire de Meninski, tom. II, pag. 11.)

(2) Le mot مكر *meïer*, pris adverbialement, signifie aussi *fortè*, par hasard.

Il faut éviter de confondre cette conjonction avec l'adjectif conjonctif نه *neh*, dont l'emploi a été suffisamment expliqué ci-dessus (n.os 91 et 99).

229. La conjonction copulative و *ve*, est à-peu-près inusitée dans le langage vulgaire et chez les Tartares ; on y supplée par la fréquente répétition des gérondifs, destinés à indiquer la suspension du sens et à lier les propositions. Ex. كيدوب كلمك *ghidup ghelmek*, aller (ET) venir ; اچوب باقدقده *atchup baqtuqteh*, en ouvrant (ET) en regardant ; بونلر منى كوروب سلام قيلديلر *bounlar meni gheurup, selam qildilar*, ceux-là m'ayant vu, (me) saluèrent.

230. Les conjonctions disjonctives يا *ïa* et ياخود *ïakhod* signifient *ou*, *ou bien*. Ex. يا هپسنى بردن ويررم يا بر اقچه ويرمم *ïa hepisini birden virurum*, *ïa bir aqtcheh vermem*, ou je donne tout d'une fois, ou je ne donne pas un aspre.

On supprime ces mots disjonctifs devant les noms de nombre, et lorsqu'on peut le faire sans nuire à la clarté du sens. Ex. بش اون يكرمى كشى *bech, ôn, ighirmi kichi*, cinq, dix, ou vingt personnes.

OBSERVATIONS sur les Conjonctions composées.

231. La conjonction اكرچه *ëiertcheh* paroît composée de la conjonction conditionnelle اكر *ëier si*, et de la

particule چه *tcheh ;* l'une et l'autre sont d'origine persane. Leur réunion signifie *quoique, bien que, quand même.* Ex. اگرچه زید عقللو ایم ظن ایدرسه *eïertcheh Zeïd a'qellu ïm zann edersah,* QUOIQUE Zeïd pense être intelligent.

232. La conjonction exceptionnelle إلّا *illa* est composée de la conjonction إنْ et de l'adverbe négatif لَا; on doit la traduire par *excepté, sinon.*

233. بو ایله *beuïleh* et شویله *cheuïleh* se composent des pronoms démonstratifs بو *bou* et شو *chou,* suivis de la postposition ایله *ileh.* Ces mots signifient littéralement *avec cela, avec ceci, ainsi.*

234. La conjonction causative چونکه *tchun ki* signifie *attendu que, puisque.* Exemp. چونکه مملکتلرینك نظامی پریشان اولمغیله *tchun ki memleketlerinuñ nizami perichân olmaghileh,* ATTENDU QUE l'administration de leur pays étoit dans un fâcheux état.

235. Les locutions conjonctives صانکه *san ki,* طوتکه *tout ki,* فارضاکه *fareza ki,* کویاکه *gheuïa ki,* dérivent des verbes turks صانمق *sanmaq,* penser ; طوتمق *toutmaq,* tenir ; de l'adverbe arabe فارضًا *farezan,* supposé, et du verbe persan کفتن *ghuften,* dire, suivis de la conjonction déterminative که *ki:* on peut donc traduire ces mots par

pensez que, tenez que, supposez que, dites que; dans l'acception la plus habituelle, ils signifient *comme, comme si, supposé que.*

236. La locution conjonctive مادام كه *ma dam ki,* se compose des deux mots arabes ما دام *ma dam,* et de la conjonction déterminative كه *ki;* on traduit cette locution par *tant que, tandis que.* Exemple:

مادام كه بو دنياده صاغ اولدقچه بلادن و تجربه‌دن خالى اولمق ممكن دكل در *ma dam ki bou duniadeh sagh olduqtcheh, beladen ve tedjribehden khali olmaq mumken deghil dur,* TANT QUE, OU TANDIS QUE l'on existe en ce monde, il n'est pas possible d'être exempt d'épreuves et de malheurs.

237. يوخسه *ïokhsa* est une conjonction disjonctive dont le sens est *si ce n'est, sinon.* Ex. كوزمزى اچالم يوخسه اچرلر *gheuzumuzi atchalum ïokhsa atcharler,* ouvrons les yeux, SINON on (nous les) ouvrira.

CHAPITRE IX.

DES INTERJECTIONS.

238. LES Turks n'ont dans leur langue qu'un petit nombre d'interjections; car on ne sauroit donner ce nom à des mots tels que آفرين *aferïn,* courage; حاشا *hacha,* à

Dieu ne plaise ; یازق *iazeq,* il est dommage, et autres de même nature, qui appartiennent sans doute au raisonnement et au langage de l'esprit, mais qui ne sont point des expressions de diverses situations de l'ame.

239. L'interjection أ est ordinairement explétive ; elle se place le plus souvent à la fin de la phrase. Ex. باق سن أ *baq sen a,* regarde, toi, EH ! اناڭ قولای وارأ *anuñ qoulaï war a,* OH ! il y a un expédient à cela.

240. Les interjections اخ *akh,* اه *ah,* واه *wah,* وای *waï,* های *haï,* expriment la douleur ; on peut les interpréter par *hélas !* &c.

241. Les interjections بره *breh,* بهی *beheï,* یا *ia,* et أی *eï,* servent à appeler ; cette dernière est quelquefois affirmative. Ex. أی والله *eï wallah,* OUI, par Dieu !

242. په *poh* exprime l'admiration.

243. سوس *sous* signifie *chut !*

244. هایده *haïdeh* sert à presser la marche des hommes et des animaux, et quelquefois aussi à exprimer l'aversion et l'éloignement.

APPENDICE.

Les feuilles qui suivent contiennent divers morceaux propres à exercer les commençans à la lecture des textes originaux, et à les familiariser avec les principes de la langue : ce sont, 1.° un recueil de proverbes turks ; 2.° une relation de la bataille navale de Tchechméh ; 3.° trois passages extraits du *Mi'radj* et du *Tezkere'i Eylia*. Ces morceaux sont précédés (indépendamment de leurs traductions) d'un alphabet ouïgour et de deux planches destinées à donner une idée suffisante de la manière dont les caractères neskhis sont tracés dans les meilleurs manuscrits.

Le recueil des proverbes a pour objet de faciliter l'intelligence d'un grand nombre de locutions fréquemment usitées dans la conversation ordinaire, et qu'on retrouve même dans les bons auteurs. Dans ces proverbes, la trivialité des pensées n'est pas toujours rachetée par l'élégance ou par la justesse de l'expression ; mais ce sont des documens propres à constater l'état actuel de la langue, et des façons de parler souvent originales, piquantes, naïves, et, par cela même, très-difficiles à rendre dans une traduction.

La relation de la bataille de Tchechméh est tirée du recueil des Annales de l'empire ottoman, imprimées à Scutari par ordre et aux frais de la Porte. L'auteur (Ahmed-Wassif-effendi) est l'historien turk le plus récent et le continuateur des histoires de Naïma, de Rechid, de Tchaghir et de l'zzi. La première partie de son livre comprend le récit des événemens qui eurent lieu depuis l'année 1166 de l'hégire [1752], jusqu'à 1182 [1768]. La seconde contient l'histoire des sept années suivantes ; d'intéressans détails sur les troubles de la Pologne, sur la révolte d'Aly-beg, et sur les événemens de la guerre qui se termina, en 1774, par la paix de Caïnardji. Le style de Wassif est en général pur, correct, et à-peu-près exempt de boursouflure et d'emphase, défauts trop communs dans les écrivains orientaux.

Les passages extraits du *Mi'radj* [Histoire de l'ascension miraculeuse de Mahomet] et du *Tezkere'i Evlia* [Légende des Saints musulmans], ont été soigneusement calqués sur un manuscrit très-curieux que possède la Bibliothèque du Roi, et dont nous devons la première communication à M. Langlès, notre excellent ami et confrère. Ce manuscrit, dont la date remonte à l'année 1436 de J. C., se compose de deux cent trente-un feuillets presque entièrement écrits en dialecte turk oriental et en caractères ouïgours : la régularité de ces caractères est singulièrement remarquable, et la beauté du papier ne laisse rien à desirer.

Quoique cet ouvrage offre peu d'intérêt sous le rapport des matières qu'il traite (1), et que le calligraphe tartare annonce lui-même, dans les deux préfaces de son livre, que le *Mi'radj* est textuellement traduit de l'arabe, et le *Tezkere'i Evlia* du persan, nous pensons néanmoins que ce manuscrit peut être utile, 1.° pour donner une idée exacte de la manière dont on parloit la langue turke, au commencement du XV.e siècle, dans la Boukharie ou dans le Turkestan ; 2.° comme présentant un parfait modèle des caractères d'écriture qui étoient apparemment en usage dans ces pays, à la même époque.

Il seroit fort à desirer qu'on pût parvenir à découvrir, soit à Samarcand, soit à Boukhara, soit ailleurs, quelques manuscrits du même genre, mais de nature à jeter plus de jour sur l'histoire, si peu connue, de l'Asie centrale et des migrations de ses habitans : nous nous féliciterions alors d'avoir entrepris l'ingrate lecture du *Mi'radj*, et d'avoir été, pour ainsi dire, les premiers à en publier des fragmens.

(1) *Voyez* les détails dans lesquels est entré, à ce sujet, le savant auteur des Recherches sur les Langues tartares, tome I.er, pages 252, 259 et suiv.

PROVERBES

PROVERBES TURKS [1].

1. MILLE amis, c'est peu ; un ennemi, c'est beaucoup.
2. O moine ! ô dervich ! avec de l'or, on vient à bout de tout.
3. Le chien aboie, (mais) la caravane passe.
4. Vinaigre donné est plus doux que miel (qui coûte quelque chose).
5. Qui ne sait les détails, ignore l'ensemble.
6. Les chiens ne se dévorent point entre eux.
7. Ne lutte pas contre plus fort que toi.
8. Deux patrons font chavirer une barque.
9. Qui crache au vent, se salit la figure.
10. La langue se porte vers la place où la dent fait mal.
11. Quel besoin de guide a celui qui connoît la ville ?
12. Petite pierre blesse la tête.
13. Ne meurs pas, ô mon âne ! le printemps viendra, et avec lui croîtra le trèfle.
14. Le renard sort du lieu où on ne le croyoit point caché.
15. Que desire l'aveugle ? — deux yeux.
16. Alonge tes pieds proportionnément à la longueur de la couverture.
17. Qui est destiné à se pendre, ne se noie pas.
18. Qui veut la rose, doit vouloir aussi les épines.
19. Baise la main que tu n'as pu couper.
20. Sage ennemi vaut mieux que fol ami.
21. Les petits doivent obéir aux grands.
22. Dissimule avec ton ami, et cache son nom à ton ennemi.

(1) *Voyez* le texte à la fin.

23. Pour un sage, on trouve deux fous.
24. Si tu crains les moineaux, ne sème pas de mil (1).
25. On jette à la rue les vieux balais.
26. En fuyant la pluie, on rencontre la grêle.
27. Trop d'orge fait crever le cheval.
28. Sacrifions la barbe pour sauver la tête.
29. Qui va vîte, se lasse vîte.
30. Conseil de femme est bon pour femme.
31. Le méchant dérange et l'homme de bien concilie les affaires (2).
32. L'homme véridique est chassé de la ville.
33. Le mal atteint celui qui le fait.
34. Je suis le serviteur de celui qui m'honore, et le sultan de celui qui me compte pour rien.
35. Le cheval meurt, sa selle reste; l'homme finit, son nom reste.
36. Qui maîtrise sa langue, sauve ses jours.
37. Qui tombe par sa faute, ne doit pas se plaindre.
38. Avant que le chariot se brise, les gens qui montrent le droit chemin sont nombrenx.
39. Qui cherche un ami sans défauts, reste sans amis.
40. L'homme est le miroir de l'homme.
41. Ce n'est pas en vivant long-temps, c'est en voyant beaucoup qu'on apprend quelque chose.
42. Toute montée à sa descente.
43. La rose naît de l'épine, et l'épine de la rose.

(1) Les Italiens disent au contraire :

Non restar per gli uccelli
Di seminare i piselli.

(2) Litt. *le marché.*

44. Ma fille, c'est à vous que je parle, afin que ma bru me comprenne.

45. Le paresseux dit : Je n'ai pas la force.

46. Quand le chat est absent, les souris lèvent la tête.

47. Deux baladins ne dansent pas sur la même corde.

48. Ce n'est pas en disant miel, miel, que la douceur vient à la bouche.

49. On ne donne pas le sein à l'enfant qui ne pleure pas.

50. C'est au marché aux chevaux qu'on s'informe de leur âge (1).

51. On ne regarde point aux dents d'un cheval donné.

52. Pense à ce que tu veux dire, et parle en conséquence.

53. Tu cherches à vendre un corbeau pour un rossignol.

54. On ne jette pas de pierres à l'arbre stérile.

55. On t'a dit de battre, et non de tuer.

56. Tout finit ici bas, hors l'inimitié.

57. Est-ce au malade qu'il faut parler du lit?

58. Servir un jeune prince, étriller un cheval fougueux, sont deux choses très-difficiles.

59. Point de roses sans épines; point de plaisir sans peine.

60. La vérité est amère.

61. Bois et mange avec ton ami; ne traite point avec lui d'affaires (d'intérêt).

62. Quiconque est loin des yeux, est encore plus loin du cœur.

63. Un homme en trompe un autre une fois seulement.

64. Si tout ce qu'on desire étoit possible, chaque faquir seroit pacha.

65. On ne fait pas de bon bouillon avec une poule maigre.

(1) Dans l'Orient, il n'est pas d'usage de s'informer de l'âge de quelqu'un.

66. Demander quelque chose à l'avare, c'est vouloir creuser un puits dans la mer.

67. L'homme à tête légère perd son bonnet dans la foule (1).

68. Pour se gratter, il faut des ongles.

69. Si nous n'avons point de richesses, ayons de l'honneur.

70. Ouvrons les yeux, de peur qu'on ne (nous) les ouvre.

71. Se plaindre sans motif est folie.

72. De la prévoyance naît le salut.

73. Il est difficile de saisir le loup par les oreilles.

74. On prend (souvent) le lièvre avec des chariots à bœufs (2).

75. On ne porte pas deux melons d'eau sous la même aisselle.

76. Beaucoup de gens ignorent faute d'avoir su entendre.

77. L'homme une fois tombé ne retombe pas (3).

78. On ne trompe pas le renard.

79. Donner aux riches, c'est porter de l'eau à la mer.

80. Il ne faut pas rapporter tout à soi.

81. Nos actions doivent être conformes à nos paroles.

82. La fortune bien acquise subsiste ; le bien mal acquis périt et est emporté par le diable.

83. Quiconque veut vivre en paix, doit être sourd, aveugle et muet.

84. Quand l'imam s'oublie, l'assemblée perd le respect qui lui est dû.

85. Il ne faut pas faire mystère des choses futiles.

86. Honneurs excessifs, ou humiliations extrêmes.

87. Il est tombé dans la fosse qu'il avoit creusée pour les autres.

---

(1) Litt. l'homme qui laisse sa tête au logis, perd son turban dans la foule.

(2) C'est-à-dire, on réussit souvent avec une sage lenteur.

(3) C'est notre dicton, *une fois par terre, il n'y a plus à tomber.*

88. Il ne faut pas faire table nette.
89. Le loup est exposé aux serres de l'aigle.
90. Mesure-toi à ton aune (1).
91. Il ne faut pas accepter le présent qui déplaît.
92. Ne jugeons pas des autres d'après nous-mêmes.
93. Tu ressembles à un nègre abyssin (2).
94. Ne te jette pas dans le feu pour éviter la fumée.
95. Rien sans peine.
96. C'est une affaire qui sent la cire (3).
97. Miel dans la bouche, fiel dans le cœur.
98. Bien fou est le riche qui vit comme un pauvre.
99. Qui se tourne vers deux qibléh, n'a point de foi (4).
100. Qui a recours à Dieu, n'est pas privé (d'aide).
101. L'ame est la compagne de l'ame (5).
102. Tout ce que tu donnes, tu l'emporteras avec toi.
103. Tends la main aux malheureux, Dieu ne t'abandonnera pas.
104. Tu moissonneras ce que tu auras semé.
105. Ce que Dieu écrivit sur ton front t'arrivera.
106. Chacun ignore ses propres défauts.
107. Qui s'éloigne de la feinte, s'approche de la divinité.
108. Fuis les méchans et prends exemple des bons.
109. Avec du temps et de la paille, les abricots mûrissent.
110. On prend plus de mouches avec un rayon de miel qu'avec un tonneau de vinaigre.
111. Qui donne aux pauvres, donne à Dieu.

---

(1) Litt. *à ton pouce.*

(2) C'est-à-dire, tu es toujours le même.

(3) C'est-à-dire, c'est une affaire importante et dont la conclusion exigera beaucoup de veilles.

(4) C'est-à-dire, qui suit les rites de deux religions différentes, n'appartient à aucune.

(5) C'est-à-dire, l'homme doit secourir son semblable.

112. Le temps fait vendre tout, jusqu'à la (plus vile) paille.
113. L'ingrat ne mérite pas d'être compté parmi les hommes.
114. Rejeter une faute sur autrui, c'est commettre le péché d'Ève.
115. Les embarras portent conseil.
116. Qui mange peu profite beaucoup ; qui mange trop se nuit.
117. Le fou tient son cœur sur sa langue, le sage tient sa langue dans son cœur.
118. Tout événement qui fait pleurer est accompagné d'un événement qui fait rire.
119. Notre ami est celui qui nous dirige et nous conseille bien.
120. Le plus sûr moyen de vivre en paix consiste à réprimer ses passions.
121. Fais du bien à qui te nuit, tu seras aimé de Dieu et de ton ennemi lui-même.
122. Le discours, c'est l'homme.
123. Bon vin et femme jolie sont deux agréables poisons.
124. Ne desire et ne demande pas l'impossible.
125. La mort est la consolation du pauvre.
126. Nous mourons comme nous avons vécu.
127. Qui trop embrasse mal étreint.
128. Qui trop entreprend, finit peu.
129. La langue tue plus de gens que l'épée.
130. Le désœuvrement est le père des soucis.
131. La célébrité ne s'acquiert pas sur un lit de plume.
132. Ton ennemi est parti pour Brousse (1).
133. La terre est de fer, et le ciel d'airain (2).
134. Il faut s'accommoder au temps.

(1) C'est-à-dire, tu te tourmentes inutilement.

(2) C'est-à-dire, rien ne réussit.

135. Fais du bien et jette-le à la mer; si les poissons l'ignorent, Dieu le saura.

136. Ce n'est pas ce que projette la créature, mais ce que veut le créateur, qui arrive.

137. Quand la flèche de la destinée a été lancée, ce n'est pas le bouclier de la prudence qui garantit de ses coups.

138. Assieds-toi de travers, mais parle juste *[rectè]*.

139. Si tu es heureux, le bonheur te viendra du fond de l'Iémen; si tu ne l'es pas, il t'échappera du bord de tes lèvres.

140. Tous les jours ne sont pas jours de fête, si ce n'est pour les fous.

141. Si tu te présentes les mains vides, on te dira : L'Effendi dort; si tu viens avec un présent, on te dira : Effendi, daignez entrer.

142. Le naturel qu'on suce avec le lait, ne s'en va qu'avec la vie.

143. Point de roses sans épines, ni d'amours sans jalousie.

144. La patience est la clef de la joie.

145. Avec de vieux coton, on ne fait pas de la toile neuve, ni avec de mauvais fer, de bonnes épées.

146. Le trait lancé ne revient pas.

147. Mille cavaliers ne sauroient dépouiller un homme nu.

148. L'œuf d'aujourd'hui vaut mieux que la poule de demain.

149. Tiens pour un éléphant ton ennemi, ne fût-il pas plus gros qu'une fourmi.

150. C'est degré par degré qu'on monte au haut de l'escalier.

151. Bon cheval n'a pas besoin d'éperons.

152. Le négociant trop craintif ne fait pas fortune.

153. La chemise est plus près du corps que l'habit.

154. Après la peine vient le plaisir.

155. Qui n'apprend pas à obéir, ne saura jamais commander.

156. Ne verse point de sang, et sois soumis aux lois.

157. En toutes choses, c'est le milieu qu'il faut choisir.

158. L'amitié véritable est indépendante des événemens.

159. Qui craint Dieu, ne craint pas les hommes.

160. La nuit est grosse du lendemain ; Dieu sait ce qu'éclairera l'aurore.

161. Les hommes se rencontrent, et non pas les montagnes.

162. Je puis faillir, mais tu dois pardonner.

163. Lorsque le destin se déclare, le plus clairvoyant devient aveugle.

164. Ne frappe pas à la porte d'autrui, si tu veux qu'on ne frappe point à la tienne.

165. Mange le fruit, et ne t'inquiète pas de l'arbre.

166. C'est goutte à goutte que se forment les lacs.

167. L'apprenti intelligent surpasse quelquefois son maître.

168. Que peut faire un bœuf vigoureux attelé à une mauvaise charrue ?

167. L'homme probe ne cesse de l'être que lorsqu'il tombe dans la misère (1).

170. Qui touche le premier au but, est habile ; qui n'y atteint que le second, n'a aucun mérite.

171. Ce n'est pas le consommateur, c'est le producteur qui connoît la valeur des choses.

172. La femme fait la prospérité ou la ruine d'une maison.

173. Un *tiens* vaut mieux que deux *tu l'auras.*

174. La perte est la sœur du gain.

175. Si le présent que je t'ai fait ne t'est point agréable, reprends l'argent qu'il t'a coûté.

176. Vieil ami, vieux bain (2).

---

(1) Misère et loyauté vont rarement de compagnie.

(2) Ce qui veut dire, sans doute, que la fréquentation d'un homme de bien est, au moral, ce qu'un long usage du bain est au physique.

177. Est-ce quand le cheval a été volé, que tu fermes la porte de l'écurie?

178. Tu trouves un âne mort et tu lui arraches les fers.

179. Qui possède un jardin, porte une blessure dans son cœur.

180. Le jour passe, la vie s'écoule, et cependant le fou se réjouit de l'approche du jour de fête.

181. Vis avec le riche, éloigne-toi du pauvre (1).

182. Le voleur de miel se lèche les doigts.

183. Le cavalier doit se pourvoir d'un sabre.

184. Dieu seul est infaillible.

185. Point de plaisir sans peine.

186. Peu d'argent, peu de procès.

187. Qui sait beaucoup, se trompe souvent.

188. Ne te fie pas aux discours des grands, à la durée du calme sur mer, à la clarté du jour qui fuit, à la vigueur de ton cheval, ni à la parole des femmes.

189. Avant d'en avoir reçu l'ordre de sa mère, une fille ne doit point enlever les plats de dessus la table.

190. Qui pleure pour tout le monde, finit par perdre les yeux.

191. Rien de plus inutile que les conseils à un fou et le savon à un nègre (pour se blanchir la peau).

192. Prends l'étoffe d'après la lisière, et la fille d'après la mère.

193. Le pêcheur doit s'habituer à l'eau trouble.

194. Ne considère ni l'extérieur du cheval ni sa robe, mais ses qualités.

195. On vient quand on veut, on s'en va quand on peut.

196. On s'instruit plus par la conversation que par la lecture.

---

(1) C'est-à-dire (d'après l'un des préjugés superstitieux qui ont tant de force sur l'esprit des Orientaux), crains l'influence funeste que peut exercer sur toi la présence d'un être malheureux.

197. Si tu te trouves dans le chariot de quelqu'un, chante sa romance (1).
198. Le mal tourne à mal.
199. Donnez accès à Aly, il ne tardera pas à salir vos meubles.
200. L'orphelin coupe lui-même son nombril (2).
201. Mieux vaut ami que parent.
202. L'amoureux est aveugle.
203. L'honneur d'un homme dépend de lui.
204. Les égards et l'amitié doivent être réciproques.
205. A force de chercher, on trouve l'orifice de la marmite.
206. Les hommes ne s'intéressent à nous qu'autant que nous nous intéressons à eux.
207. La poule du voisin nous paroît une oie.
208. Qui n'a pas éprouvé la peine, ignore le prix du plaisir.
209. Le menteur, quel est-il? — C'est celui qui répète tous les ouï-dire.
210. Il suffit à un ami d'une simple feuille d'arbre.
211. Que t'importe la qualité du pain d'un autre pays?
212. Est beau ce qui plaît au cœur.
213. C'est à moi de fuir, à toi de m'atteindre.
214. Point de créature sans défaut, point de péché sans repentir.
215. Mieux vaut être femme qu'homme efféminé.
216. Le Turk (3) peut devenir savant; il ne devient jamais humain.
217. Celui qui entre au bain, transpire.
218. Qui rit beaucoup, pleure beaucoup.

(1) On sait que les mots français *roman* et *romance* viennent du nom de l'une des langues que parloient anciennement nos aïeux. Par un motif semblable, les Ottomans appellent aujourd'hui *turkiat* leurs pièces écrites en langue turke proprement dite, et *turki* leurs chansons.

(2) C'est-à-dire, se suffit à lui-même.

(3) C'est-à-dire, le grossier nomade.

219. L'art s'acquiert avec peine (1).
220. On peut donner sa tête, mais son secret, jamais.
221. Qui court trop vîte, reste en chemin.
222. A un homme il faut un homme (2).
223. L'âne blessé (3) se plaint toujours.
224. Le vinaigre trop fort ronge le vase destiné à le contenir.
225. Attache d'abord ton âne, puis tu le recommanderas à Dieu.
226. La nourriture d'abord, les discours après.
227. Ne te fais point d'ennemis sans motif.
228. Qui visite trop ses amis, s'expose à trouver grise mine.
229. Qui peut savoir ce qui se passe dans l'obscurité?
230. On n'attrape pas le cheval avec un sac vide.
231. La providence construit le nid des oiseaux étrangers.
232. On guérit de coups de couteau, on ne guérit pas des coups de langue.
233. Sois brigand, sois voleur, mais ne cesse pas d'être juste (4).
234. A l'ambassadeur nul dommage.
235. Qui fait trouve.
236. Il arrache la crinière au lion mort.
237. L'homme de mérite se connoît en mérite.
238. On voit (avec plaisir) la figure d'un ami et les pieds d'un adversaire (qui fuit).
239. L'influence d'un mauvais voisin se fait sentir jusqu'au septième quartier de la ville.

---

(1) Litt. *sous le bâton.*

(2) C'est-à-dire, l'homme de cœur recherche l'homme de cœur.

(3) C'est-à-dire, l'homme sans caractère.

(4) On sait que, chez les peuples de l'Orient, les mots de *voleur* et de *brigand* n'excluent pas entièrement l'idée d'une certaine justice. C'est dans ce sens que le mot grec κλέπτης ou, suivant la prononciation moderne, κλέφτης, a été traduit dernièrement par *guerrier*, *partisan*, *guerillas*, *&c.*

240. Ici bas rien d'inoui.
241. Grandeurs entraînent soucis.
242. Mille larmes ne paient pas une dette.
243. Quel que soit le dernier venu, c'est lui qui doit fermer la porte (1).
244. Quand on perd la tête, les pieds perdent leur aplomb.
245. Le bon cheval forme le cavalier.
246. Il ne faut point sortir de la route tracée.
247. A bœuf bien portant, mauvaise paille n'est point nuisible.
248. Le bât ne pèse point à l'âne.
249. Écoute mille fois, ne parle qu'une seule.
250. Le doigt légalement coupé ne fait point de mal.
251. Chacun se plaît dans ses penchans.
252. Le loup change de poil et ne change point de naturel.
253. La face du mendiant est noire, mais souvent sa besace est pleine.
254. Le coup d'œil du maître vaut pour le cheval un pansement.
255. Les cérémonies peuvent être bonnes en enfer.
256. Il ne faut point mépriser un ennemi, quelque foible qu'il puisse être.
257. Repentir tardif ne sert à rien.
258. *Hodie mihi, cras tibi.*
259. Ne profère pas toute sorte de paroles, car la terre a des oreilles.
260. Il y a moins de choses visibles que d'invisibles.
261. Le voleur qui ne se laisse pas surprendre, passe pour le plus honnête des hommes.
262. Si tu es amoureux, cours les montagnes.

---

(1) C'est-à-dire, qui doit répondre de tout. Les Italiens ont aussi ce proverbe, mais ils lui donnent un tout autre sens.

263. Celui-là est véritablement homme, qui ne fausse pas sa parole.

264. C'est à force de se tromper, que l'homme devient habile.

265. Quels sont les plus jolis oiseaux, demandoit-on à la corneille? — Ce sont mes petits, répondit-elle.

266. Il y a du mérite à arracher un poil au sanglier.

267. N'attache pas l'âne à la place du cheval.

268. Ne te mets pas entre l'ongle et la chair.

269. L'industrie des pères doit être l'héritage des enfans.

270. Qui n'écoute point les conseils de ses parens, est indigne d'en avoir.

271. Une étincelle embrase (quelquefois) le lieu où elle tombe.

272. Celui qui mange seul son pain, est seul à porter son fardeau.

273. Bouche qui parle, ne reste pas affamée.

274. La poule qui a faim, trouve d'elle-même l'orge dans le grenier.

275. Le ventre se rassasie, mais non les yeux.

276. Lève-toi le matin et couche-toi le soir (1).

277. Le prix de l'or, c'est le changeur qui le connoît.

278. Informe-toi de l'or au changeur, et des bijoux au joaillier.

279. Celui qui ne connoît point le prix du pain et du sel, est plus méprisable qu'un chien.

280. Qui croît vîte, meurt vîte.

281. Qui enfourche un cheval d'emprunt, ne le monte pas long-temps.

282. Sois doux envers celui qui te parle avec douceur; car la bonté fait sortir les serpens de terre (2).

---

(1) C'est-à-dire, fais chaque chose en son temps.

(2) Ceci fait probablement allusion à quelque superstition orientale.

283. La patience procure le salut; la précipitation est suivie de l'infortune.

284. Le chien qu'on traîne par force, ne chasse pas.

285. L'ennemi est mauvais juge de son ennemi.

286. Le sang ne se lave pas avec du sang, mais avec de l'eau.

287. On forge le fer tandis qu'il est chaud.

288. C'est aujourd'hui jeûne, dit le chat, en voyant du foie auquel il ne peut atteindre.

289. Ce qui n'est pas nécessaire un jour, peut l'être un autre.

290. On ne vend pas le poisson qui est encore dans la mer.

291. Il faut savoir être casanier au logis, et voyageur en route.

292. Celui qui se lève en colère, se couche avec dommage.

293. Ne parle pas de pierres au fou.

294. Plus j'aime mon ami, plus je m'informe de son état.

295. La chaussure n'est jamais exempte de boue (1).

296. Ne regarde pas à la blancheur du turban; le savon fut pris à crédit.

297. Ne redoute pas l'accident dont on te menace pour le lendemain.

298. La violence gâte les jeux.

299. Ne t'associe pas avec plus puissant que toi.

300. Il ne faut pas chasser sur les brisées du loup.

301. Mieux vaut renard vivant que lion mort.

302. L'eau dort, l'ennemi ne dort pas.

303. Ici des vaisseaux ont été submergés; qu'y viens-tu faire avec ta fragile nacelle?

304. Le char n'avance pas sans que l'on graisse ses roues.

305. Le miel est une chose, mais le prix du miel en est une autre.

306. On s'inquiète souvent de choses qui finissent par avoir de bons résultats.

(1) C'est-à-dire, les êtres bas et vils font toujours des bassesses.

307. Le riche ne doit pas se plaindre des droits de péage.

308. La sagesse n'est pas dans le nombre des années, mais dans la tête.

309. Au voyageur il faut du chemin (1).

310. Il y a un chemin du cœur au cœur.

311. Rien de mieux que ceci : je n'en sais rien, je n'ai rien vu.

312. Les soupirs de l'infortuné ne profitent à personne.

313. Il faut des chardons au chameau ; c'est pour les avoir qu'il alonge le cou.

314. Les paroles amères nuisent à celui qui les a dites.

315. Il ne faut pas remuer les vieilles pailles.

316. Qui apprend à jouer d'un instrument à quatre-vingts ans, se fera entendre au jour du jugement dernier.

317. La fourmi agit selon ses forces.

318. Tant que le monde durera, les paroles des grands ne tomberont point à terre.

319. A force d'aller, on arrive.

320. Il y a des paroles qui ressemblent à des confitures salées.

321. On nomme amoureux celui qui, en courant sur la neige, ne laisse point de traces de ses pas.

322. Il fait le dévot et ne mange pas d'ognons (en public) ; mais s'il lui en tombe dans les mains, il n'en laisse pas même la pelure.

323. Qui connoît le chemin, ne se fatigue pas.

324. Quelle idée peut se former de la faim, l'homme qui jouit de tout en abondance ?

325. De trois choses l'une : du pouvoir, de l'or, ou quitter la ville.

326. Le flambeau n'éclaire point sa base.

(1) C'est-à-dire, la chose la plus nécessaire au voyageur, c'est le moyen de continuer sa route.

327. La mort est un chameau noir qui s'agenouille devant toutes les portes.

328. Lorsque le cheval d'un Kurde a foulé la terre, l'herbe cesse d'y croître.

329. N'accepte aucun présent, car on te le redemandera, soit aux jours de noce, soit aux jours de fête.

330. Lorsque tu visites un aveugle, ferme les yeux.

331. Bagdad n'est pas loin pour un amant (1).

332. Les chiens se moquent du loup qui vieillit.

333. L'homme par trop prudent, finit par se blesser l'œil contre une poutre.

334. L'homme ruiné aime celui qui lui ressemble.

335. Tout accident est une leçon.

336. La fin ordinaire du renard est la boutique du pelletier.

337. La dépense de l'avare et celle du prodigue sont, en dernier résultat, les mêmes.

338. Sois ami dans le monde, et ne sois à charge à personne (2).

339. Les uns rient, les autres pleurent.

340. Quelquefois le vaisseau s'incline, mais la route n'en est pas moins droite.

341. Ne passe pas sur le pont du méchant; souffre plutôt que le torrent t'entraîne.

342. Nos distractions sont utiles à nos ennemis.

343. Le cœur est un enfant; il espère ce qu'il desire.

344. La main qui donne est au-dessus de celle qui reçoit (3).

345. Le chameau s'agenouille avec les chameaux.

346. Le petit grandira, le fou pourra devenir sage.

---

(1) C'est-à-dire, rien n'est difficile à l'amour.

(2) C'est-à-dire, si tu veux avoir des amis, ne sois à charge à personne. Les Italiens disent, *chi vuole amici assai, ne provi pochi.*

(3) On dit en turk : ويرن ال الانك اوستنده در , et en arabe vulgaire : اليد العلية خيرمن السفلة

347. Tu frappes le tambour de travers.
348. Nul ne profite de ce que le destin réserve à un autre.
349. L'auteur n'écrit rien qui lui soit contraire.
350. Bien que la langue n'ait point d'os, elle les brise.
351. C'est dans l'occasion que l'homme brave se fait connoître.
352. On couvre de mets délicats la table de l'imam... Que t'importe?
353. Le désintéressement est un bouclier contre les fautes.
354. Celui-là est véritablement aveugle, qui tombe deux fois dans la même fosse.
355. Toute qualité est accompagnée d'un défaut.
356. Tout arbre a son ombre.
357. Toute chose a sa fin.

EMBRASEMENT DE LA FLOTTE OTTOMANE
À TCHECHMÉH,
ET
DÉPOSITION DU CAPITAN-PACHA (1).

D'APRÈS le bruit qui s'étoit répandu (ainsi qu'il a été expliqué plus haut) que les vaisseaux ennemis venoient de pénétrer dans la mer Blanche (2), et qu'ils portoient le ravage dans les îles et sur les côtes de l'islamisme, on s'empressa, pour repousser leur agression, de disposer tout ce qui étoit nécessaire à l'armement de plus de vingt vaisseaux.

Le commandement de cette flotte fut confié à l'amiral Hassan-eddin pacha. On lui prescrivit, par ses instructions, de se borner à la défense des points menacés. Ce fut dans un temps de mauvais augure que le capitan-pacha quitta Constantinople. Il relâcha d'abord à Gallipoli, pour compléter son armement; et après s'y être arrêté quelque temps, suivi de quelques vaisseaux, il se dirigea vers les parages de la Morée. En se déterminant à laisser le reste des bâtimens pour la garde des lieux où leur présence étoit nécessaire, il fit à-la-fois preuve de vigilance et de précaution. Les vents contraires empêchèrent d'abord ces bâtimens

(1) Ce morceau, extrait des *Annales de l'Empire ottoman*, contient le récit de la fameuse bataille de Tchechméh. La traduction, et les notes qui l'accompagnent, sont dues à M. Bianchi.

(2) La Méditerranée.

de continuer leur route; mais lorsque enfin le temps devint plus favorable, ils firent force de voiles pour se rendre à leur destination. De son coté, le capitan-pacha arriva dans les eaux de la Morée, et se trouva en présence de la flotte ennemie. Aussitôt les feux de la guerre furent allumés. L'amiral entra sans délai dans le port de Napoli de Romanie, et informa le gouvernement de sa position. La détermination qu'il prit d'éviter les vaisseaux ennemis et d'entrer dans le port, donna de l'audace à ces derniers et devint l'une des principales causes de leur entrée et de leur attaque dans ce même port; mais qu'importe la cause? L'engagement eut lieu. Pendant le combat, un vaisseau ennemi à trois ponts, d'abord ébranlé et fortement endommagé dans ses agrès par le feu de l'artillerie, dont le fracas ressembloit à celui du tonnerre, finit par couler bas. Depuis le soir, les vaisseaux ennemis ne se donnèrent point de relâche; mais enfin ils gagnèrent la haute mer et disparurent.

L'absence de l'ennemi ayant permis au capitan-pacha de mettre à la voile et de sortir du port de Napoli, il cingla directement vers le cap Benefché (1).

Il alloit commencer un nouveau combat avec l'ennemi, lorsque le défaut de vents favorables l'obligea de mouiller dans le port de Chio, et de se réunir aux bâtimens restés en arrière. Après s'être approvisionné, dans le port, des choses qui lui étoient nécessaires, il sortit, de concert avec les vaisseaux susdits, pour aller à la recherche des ennemis qui venoient de se montrer sur les derrières de l'île. On fit des représentations au capitan-pacha sur le mal que leur présence pouvoit causer à la flotte impériale; mais cet amiral, après avoir fait les dispositions

(1) Le cap Saint-Ange, anciennement le promontoire Malée, situé à l'extrémité méridionale de la Morée.

militaires convenables dans les parages de Couïoun-adà (1), marchoit déjà à la rencontre des infidèles, lorsque les vaisseaux de ces derniers y parurent tout-à-coup.

En peu d'instans, les feux étincelans du combat furent allumés; dans l'ardeur et l'embrasement épouvantable de cette action, et au milieu des flammes qui s'élevoient comme le démon de la montagne de Caf (2), Djezaïrlu-Hassan-beg, qui montoit la capitane (3), s'approcha du vaisseau amiral ennemi. Le combat s'engagea de part et d'autre: mais l'ennemi, d'un côté, ne pouvant plus soutenir l'attaque, et, de l'autre, désespéré de voir son vaisseau sur le point de tomber au pouvoir des Musulmans, y mit lui-même le feu. Il arriva, par la volonté du Très-Haut, que la capitane se trouvant auprès de ce vaisseau, et n'ayant pu s'en séparer, les deux bâtimens devinrent en même temps la proie des flammes. Ce ne fut qu'avec des peines infinies que Djezaïrlu-Hassan-beg parvint à se sauver.

Après cet événement, la flotte impériale entra dans le port de Tchechméh (4), où l'ennemi étant venu la joindre, le combat recommença. Bientôt, par le feu de l'artillerie, la mer ne présenta plus qu'une surface embrasée. L'ennemi étant sous voile pendant cette bataille navale, il y avoit autant d'imprudence que de danger à se retrancher dans le port. On ne peut donc, d'après les apparences, attribuer qu'à l'entraînement de

---

(1) Les îles du Mouton ou Spalmadore, situées à l'entrée du canal que forment l'île de Chio et le continent d'Asie.

(2) Montagne imaginaire.

(3) Le vaisseau amiral turk.

(4) *Tchechméh* est un mot persan dont la signification est *source, fontaine*. Dans l'antiquité, le nom de ce port étoit Lyssus, et il étoit déjà célèbre par la victoire que remportèrent les Romains sur la flotte d'Antiochus, l'an 191 avant J. C. *Tit. Liv. XXXVI, cap. 44.*

la destinée, la détermination que prit le capitan-pacha d'y entrer. Cependant, au milieu des efforts que faisoit cet amiral pour repousser l'attaque, l'ennemi ayant lancé vers la flotte plusieurs bateaux remplis de bitume et autres matières inflammables auxquelles on avoit mis le feu, les navires (ottomans), qui, pour se secourir mutuellement, s'étoient rapprochés les uns des autres, devinrent tous la proie des flammes, dans la nuit du samedi 14 du mois susdit (1).

Les troupes qui montoient ces vaisseaux, se dispersèrent, sans combattre, dans Smyrne et sur les autres points de la côte.

Le capitan-pacha et Djezaïrlu-Hassan-beg furent blessés; mais le commandant de la patrone, Ali, ainsi qu'un autre officier supérieur, périrent en cherchant à se sauver à la nage.

Les côtes étant dégarnies de troupes, il étoit à craindre que l'ennemi ne pénétrât dans le golfe de Smyrne, et ne s'emparât des bâtimens qui pourroient se trouver en mer. On acheta dans ce port cinq navires marchands que l'on fit couler dans la passe de Sandjaq-bournou [le cap du Drapeau], distante de douze milles de Smyrne, et l'on fit fortifier, autant que possible, le château. Un ordre suprême fut particulièrement envoyé à Ali-pacha, ancien grand-visir, chargé de la garde des détroits, afin que les caravelles (2) qui, antérieurement, avoient été préparées pour donner du secours, restassent dans les lieux où elles se trouvoient. On notifia également ces dispositions aux (capi-

(1) L'auteur a oublié d'indiquer ce mois; il faut donc faire coïncider cette date avec celle de la nuit du 7 au 8 juillet 1770; ce qui donne le 14 de rebi-ul-ewel de l'année de l'hégire 1184.

(2) Ce mot, qui dérive du grec καράβι, *vaisseau*, également employé par les Portugais, indique ici les bâtimens de guerre de haut-bord dont les Turks se servoient jusqu'à la bataille de Tchechméh. Ce ne fut qu'après cette désastreuse journée qu'ils adoptèrent, sous la direction des constructeurs français, la forme actuelle de leurs vaisseaux.

taines des) bâtimens marchands qui étoient sur la côte ou en mer, afin que, restant dans les lieux où ils étoient, ils s'abstinssent de tout mouvement, jusqu'à ce que cette crise fût passée. On enjoignit aux gouverneurs des places fortes et des frontières de tenir la main à l'exécution de ces dispositions, et de redoubler de vigilance. Les ennemis apprenant que, sur tous les points, les passages leur étoient fermés, perdirent dès-lors tout espoir d'occasionner du dommage, et disparurent, après avoir réparé leurs vaisseaux dans les îles de Coüïoun-ada.

Cet événement, fait pour servir d'exemple (1), affligea vivement la totalité des musulmans; mais Sa Hautesse en fut particulièrement pénétrée de la plus vive douleur. Elle éleva ses mains suppliantes vers le trône du Créateur suprême, pour le prier de venger l'islamisme, et d'accorder une nouvelle force à la loi de celui qui est la gloire des hommes.

Ce déplorable état de choses fut attribué aux fautes du capitan-

(1) J'ai pensé que le lecteur pourrait être bien aise de comparer cette relation avec une de celles qui parurent dans le temps. La briéveté, l'impartialité et l'exactitude de celle qui suit, m'ont déterminé à lui donner la préférence.

EXTRAIT d'une Lettre écrite de Malte, le 29 juillet 1770.

« Deux capitaines anglais qui ont quitté Chio depuis quatorze jours, viennent » d'arriver ici, et ont rapporté que, le 8 de ce mois, la flotte ottomane étoit venue » mouiller dans le canal et la rade de Libourno. L'amiral Spiritow, voulant profiter » de cette occasion pour l'attaquer, fit ranger la sienne sur trois lignes, dont la pre- » mière fut commandée par lui, la seconde, formant le centre, par le comte Alexis » Orlow, et la troisième, par le contre-amiral Elphinston. L'amiral Spiritow sortit » de la ligne pour attaquer le vaisseau du capitan-pacha, et le battit de si près, que » pendant le combat, les soldats et matelots russes arrachèrent le pavillon turk, » qu'ils présentèrent déchiré à leur amiral. Son équipage jeta en même temps une » si grande quantité de grenades et d'artifices à bord du vaisseau ennemi, que le feu » prit dans ses agrès; mais bientôt il se communiqua aux voiles mêmes du bâtiment » russe, qui, se trouvant trop engagé pour pouvoir se retirer, sauta en l'air une demi- » heure après. Il ne s'est sauvé que vingt-quatre hommes, du nombre desquels sont » l'amiral, son fils, et le comte Théodore Orlow. Ce vaisseau, qui portait quatre-

pacha, qu'on déposa de suite. Dja'fer-beg, l'un des officiers de mer, ayant été d'abord gratifié du titre de *beglerbeg*, fut nommé capitan-pacha. On mit immédiatement sous ses ordres six vaisseaux qui avoient été armés et préparés dans l'arsenal impérial. Trente autres navires furent disposés et armés à Dulcigno et à Antivari, pour croiser dans la mer Blanche. Enfin on remit à des commissaires ou *mubâchir* les sommes destinées à réparer les dommages considérables causés par l'ennemi ; des ordres furent en outre expédiés au gouverneur d'Alexandrie, pour le même objet.

Il faut convenir d'une vérité; c'est que la victoire et les succès, de même que le cours ordinaire des choses humaines, étant liés aux décrets de la destinée, il est contre toute justice d'attribuer la non-réussite des événemens à ceux qui sont chargés d'affaires importantes et périlleuses. La plupart des hommes qui jouissent des bienfaits de la fortune et des faveurs des gouvernemens, s'ap-

» vingt-dix canons de fonte, avoit à bord 500,000 roubles [2,500,000 fr.]. Le » vaisseau du capitan-pacha a eu le même sort une demi-heure après l'explosion du » premier. La flotte ottomane étoit composée de trente voiles, parmi lesquelles étoient » quinze vaisseaux de ligne. Celle des Russes étoit de neuf vaisseaux de guerre, de » deux frégates et de deux transports. La confusion et l'épouvante furent si grandes » parmi les Turcs, qu'ils coupèrent sur-le-champ leurs câbles pour entrer dans le port » de Tchechméh, le même soir. Le lendemain, ils employèrent la journée à dresser » des batteries pour se fortifier à terre, et les Russes l'employèrent à préparer quatre » brûlots qui furent achevés à minuit, et que l'amiral Spiritow fit partir avec quatre » vaisseaux de guerre. La première bombe artificielle qu'ils jetèrent, tomba sur une » caravelle turque qu'elle enflamma, et qui, se trouvant sous le vent de la flotte ot- » tomane, communiqua successivement l'incendie aux bâtimens qui la composoient. » Le vaisseau de Djafer bey, de soixante-dix canons, cinq demi-gabares, plusieurs cha- » loupes et canots, furent seuls préservés des flammes, mais ils tombèrent ensuite au » pouvoir des Russes. Djafer bey, une partie de son équipage, et plusieurs hommes » des autres bâtimens incendiés, se sont sauvés à terre. Le lendemain, les Russes » recueillirent les esclaves chrétiens. Le contre-amiral Elphinston a pris, avec sa » division, la route de Ténédos, pour s'opposer à l'entrée des bâtimens qui essaie- » roient de porter des vivres à Constantinople par le canal des Dardanelles. »

pliquent à diriger convenablement les affaires de leurs ministères, par suite de l'obligation où ils se trouvent d'acquérir ou de conserver une bonne réputation; mais si, au lieu d'atteindre ce but, ceux qui parviennent aux postes élevés de l'État ne trouvent que honte, opprobre et déconsidération, ils doivent naturellement éprouver de l'éloignement pour les soucis attachés aux affaires. Cette vérité est incontestable aux yeux des personnes qui ont l'expérience des choses humaines.

N.°

N.° 1.er

EXTRAIT du *MI'RADJ*

(Page 12 *verso*, ligne 2, du manuscrit de la Bibliothèque du Roi).

SORTI de là (du cinquième ciel), je vis un kiosk, et, dans une des salles de ce kiosk, un personnage revêtu d'une robe longue. Auprès de lui étoient plusieurs esclaves. Je dis : Quel est ce personnage ? Gabriel répondit: C'est le prophète Moïse, sur qui soit le salut. Je m'avançai vers lui et lui donnai le *selam;* Moïse me l'ayant rendu, me dit : O Mohammed, sois le bien venu ; tu as apporté (1) la joie. Gabriel ajouta : Viens, et montons plus haut.

(1) *Voyez* le n.° 191, page 99 de la Grammaire.

N.° 2.

EXTRAIT du *TEZKERE'Ï EVLIA* (1)

(Page 37, ligne 12).

Nous avons donc fait un abrégé de ce livre, parce qu'abréger les paroles (qu'il contient) est une œuvre méritoire; et (en effet) l'auteur de cette composition a eu pour objet (l'accomplissement de) diverses choses avantageuses: premièrement, de condescendre au desir de plusieurs d'entre ses amis qui éprouvoient le besoin de (posséder) un recueil des paroles des saints personnages; en second lieu, de laisser une sorte de *mémorial:* car si les personnes qui liront cet écrit conservent de nous un bon souvenir et nous bénissent, il pourra se faire qu'en considération des prières de quelque fidèle croyant, le Très-Haut nous couvre de sa miséricorde et nous accorde le pardon de nos fautes.

(1) Il eût été plus correct, sans doute, d'écrire *Tezkeret-ul-Evlia;* mais nous avons cru devoir nous conformer à l'orthographe du manuscrit tartare.

N.° 3.

EXTRAIT du *TEZKERE'Ï EVLIA*

(Page 39, ligne 10).

D'APRÈS la collection qui a été faite des paroles contenues dans ce livre, s'y conformer est d'une nécessité indispensable. Il n'existe point au monde d'ouvrage meilleur que celui-ci, puisqu'il explique la signification des paroles du Coran. Cet ouvrage rend vertueux les hommes sans courage, guérit les malades, leur impose l'obligation de se guérir ici bas, et leur fait considérer leurs devoirs dans le chemin de la vérité comme des maux (à guérir). Celui qui comprendra le sens de ce livre, acceptera ses peines avec cent actions de grâces ; s'il les accepte, il en trouvera, au moyen de l'assistance divine, le remède, et, par le puissant effet de cette résignation, il parviendra au rang des saints.

TABLE
DES MATIÈRES.

AVERTISSEMENT. . . . . page iij.
INTRODUCTION. . . . . 1.
PREMIÈRE PARTIE. . . . . 5.
CHAP. I.er *De l'Alphabet*. . . . . *Ibid.*
CHAP. II. *De la valeur des Lettres*. . . . . 10.
CHAP. III. *Des Voyelles et autres Signes qui règlent la prononciation*. . . . . 17.
CHAP. IV. *De l'Article et du Nom*. . . . . 19.
Paradigme de la Déclinaison des noms (tableau.). . . . . 21.
CHAP. IV *bis*. *Des Degrés de comparaison*. . . . . 22.
CHAP. V. *Des diverses espèces de Noms*. . . . . 24.
CHAP. VI. §. I.er *Des Noms de nombre*. . . . . 32.
§. II. *Des Nombres ordinaux*. . . . . 35.
§. III. *Des Nombres distributifs*. . . . . . 36.
CHAP. VII. §. I.er *Des Pronoms*. . . . . 38.
§. II. *Des Pronoms démonstratifs*. . . . . . 41.
§. III. *Des divers Mots conjonctifs et interrogatifs ordinairement rangés dans la classe des Pronoms isolés*. . . 42.
§. IV. *Des Pronoms possessifs*. . . . . 48.
Paradigme des Pronoms possessifs. . 51.
SECONDE PARTIE. . . . . 61.
CHAP. I.er *Du Verbe en général*. . . . . *Ibid.*

CHAP. II. . . . *Des diverses espèces de Verbes*. . . . . page 64.
Tableau synoptique de la dérivation des Verbes. . . . . 65.
CHAP. III. *Paradigme de la Conjugaison du verbe* اولمق olmaq, *être*. 69.
CHAP. IV. *De la Formation des Modes et des Temps de ce Verbe*. . . . . 78.
CHAP. V. *Paradigme de la conjugaison du Verbe négatif* اولمامق olmamaq, *ne pas être* . . . . 80.
Conjugaison des Temps irréguliers du même Verbe . . . . *Ibid.*
CHAP. VI. *Paradigme des Verbes de la troisième personne* واردر wardur, *il y a, et* يوقدر ïoqdur, *il n'y a pas*. . . . . 83.
Temps irréguliers de ces Verbes. . . . . *Ibid.*
CHAP. VII. *De la Conjugaison des Verbes réguliers*. . 85.
Observations sur la Formation des Modes et des Temps. . . . . 86.
Paradigme de la Conjugaison des Verbes (tableau.). . . . . *Ibid.*
Observations générales sur la Conjugaison des Verbes dérivés. . . . . 96.
§. I.er *Du Verbe négatif*. . . . . *Ibid.*
Paradigme de la Conjugaison des Verbes négatifs (tableau.). . . . . 97.
§. II. *Du Verbe passif*. . . . . 98.
§. III. *Du Verbe transitif*. . . . . *Ibid.*
§. IV. *De quelques Verbes de la troisième personne* . . . . 99.
CHAP. VIII. *Des Postpositions*. . . . . 100.
CHAP. IX. *Des Adverbes*. . . . . 104.

CHAP. X. *Des Conjonctions*................page 109.
Observations sur les Conjonctions simples... 110.
Observations sur les Conjonctions composées.. 115.
CHAP. XI. *Des Interjections*.................... 117.
APPENDICE............................ 119.
Proverbes turks.......................... 121.
Embrasement de la Flotte ottomane à Tchechméh.... 138.
N.° 1.er *Extrait du* Mi'radj................. 145.
N.° 2. *Extrait du* Tezkere'ï Evlia............ 146.
N.° 3. *Autre Extrait du* Tezkere'ï Evlia....... 147.

FIN.

٣٤٧ صولنه داول چالارسن

٣٤٨ كمسنه نڭ ناصبنى كمسنه يمز

٣٤٩ يازيجى كندينه كم يازماز

٣٥٠ دلڭ كمكى يوقدر اما كمكى قرار

٣٥١ ايكت ميداندە بللو اولور

٣٥٢ امام اوينه باقلاوا كتمش ايسه سكا نه

٣٥٣ قربان خطايه قالقان اولور

٣٥٤ كور اولدركه دوشدوكى قيويه بردخى دوشر

٣٥٥ هر كمالڭ بر زوالى واردر

٣٥٦ هر اغاجڭ كولكەسى وار

٣٥٧ هر شيڭ صوڭى وار

تم

۳۳۱ کوریاننه وار بجه سنن کوزکی قایه

۳۳۲ عاشقه بغداد اوزاق دکل

۳۳۳ قورد قوجه ینجه کوپکک مسخره سی اولور

۳۳۴ صقنن کوزه چوپ دوشر

۳۳۵ یقلن یقلنی سور

۳۳۶ هر زیان بر فند

۳۳۷ تلکینک عاقبت کله جکی کورکجی نک دکانیدر

۳۳۸ ناکس ایله جومردک خرجی بردر

۳۳۹ جهانده یار اول بار اولمه

۳۴۰ کیمینه های های کیمینه وای وای

۳۴۱ اکری کمی طوغرو سفر

۳۴۲ کچمه نامرد کوپریسندن قو پارسون صوسنی

۳۴۳ غافل باش دشمنه یراشور

۳۴۴ کوکل معصومدر کوردکنی اومار

۳۴۵ دوه دوه یرینه چوکر

۳۴۶ کوچک بیوردلی اوصلنور

٣١٥ خام سوز صاحبینك در

٣١٦ اسكی صمانلری قارشدرمه

٣١٧ سكسنده سازه اوكرنن قیامتده چالار

٣١٨ قاربجه قدربجه

٣١٩ اولولرك سوزی یره دوشمز دنیا طوره لو

٣٢٠ واررق واررق بولنور اراق

٣٢١ توزلو حلوایه بكزر

٣٢٢ عاشق اكا دیرلركه قارده یوریوب ایزی بللتممك كركدر

٣٢٣ صوفی در صوغان یمز اله كیرسه قبوغین ده قومز

٣٢٤ یولی ایو بلن یورلمز

٣٢٥ طوق نه بلور اجك حالنده

٣٢٦ یا زور یا زر یا شهرده سفر

٣٢٧ چرا دیبنه ضیا ویرمز

٣٢٨ اولم قره دوه در كه هر قپوده چوكر

٣٢٩ كردك آتی برچایرده ایاق بصدوغی زمان اوت بتمز

٣٣٠ هدیه بورجلو ایله یا دوكنده استرلر یا بیرامده

كور

۲۹۹ زور اویونی بوزار

۳۰۰ سنده دولتلو اولاه ایله اورتاق اولمه

۳۰۱ قورد محله سنك آو اولماز

۳۰۲ یاتاه ارسلانده کزه تلکی یکدر

۳۰۳ صو اویور دشمن اویوماز

۳۰۴ بونده کمیلر بوغلورسن صنده الله نره یه کیدرسن

۳۰۵ عربه یاغلمینجه یورومز

۳۰۶ بالك بر بهاسی بر

۳۰۷ قورقولو دوشن صوکی خیر اولور

۳۰۸ یوك باجده اغلماز

۳۰۹ عقل یاشنده دکل باشنده در

۳۱۰ یولجی یه یول کرك

۳۱۱ یورکده یورکه یول وار

۳۱۲ انده ایوسی یوقدر نه بلورم نه کوردم

۳۱۳ کیمسه نك آهی کیمسه یه قالماز

۳۱۴ دوه یه دکن کرك آنجه بوینی اوزادر

۲۸۲ طاتلو دل يردن يلانی چقارر

۲۸۳ صبر سلامت ايوه نك ملاعنة

۲۸۴ كوجله كيدن كوپك اوا ولامز

۲۸۵ دشمن دشمنك حالندن بلمز

۲۸۶ قانی قانله يومازلر قانی صوايله يورلر

۲۸۷ دمير تاونده يابلور

۲۸۸ كدى جكرى كوروب يتشمزسه بوكون اروج در ديور

۲۸۹ كركى كرمز ايكن بركون كرك اولور

۲۹۰ دريادهكى بالق صاتلمز

۲۹۱ اوجى اوده يوجى يولده كرك

۲۹۲ اوكه ايله قالقان زيان ايله اوتورر

۲۹۳ دلى يه طاش اكدرمه

۲۹۴ نه سورم يارمی نه صوررم حالنی

۲۹۵ ياشمق بالجق سز اولمز

۲۹۶ صارغنك اغاردوغنه بقمه صبونی ويره سيه در

۲۹۷ ارته يه قالان قضادن قورقمه

آت يرينه اشك بغلمه ۲۶۷

آت ايله طرنق آراسنه كيرمه ۲۶۸

آتالر صناعتی اوغلانه ميراثدر ۲۶۹

آتالر سوزینی طوتميانه يبانه آتالر ۲۷۰

آتش دوشدوكی يری ياقار ۲۷۱

آكلی يالكز بيين يوكن كندو قالدرر ۲۷۲

آچق آغز آچ قالمز ۲۷۳

آچ طاوق كندیسنی آرپه انبارده كورر ۲۷۴

آچلق قازنی طويار كوزی طويمز ۲۷۵

آخشام ايسه يات صباح ايسه كيت ۲۷۶

آلتونه قيمتن صراف ۲۷۷

آلتونی صرافه جوهری قويمجیه صور ۲۷۸

توز اكمك بلمين اتدن كوتودر ۲۷۹

تيز بتن تيز يتر ۲۸۰

عاريتی آت بنن تيز اينر ۲۸۱

طتلويه طتلو سويله ۲۸۲

۲۵۱ هر كشی یه كندو خوی خوش كلور

۲۵۲ قورد تویك دكشدر خوی دكشمز

۲۲۳ دلنجینك یوزی قره توربه سی طولودر

۲۵٤ افندینك نظری آته تیماردر

۲۵۵ تكلیف جهنمدن اولور

۲۵٦ خصمدن صاقن قارنجه ایسه ده

۲۵۷ صوك پشیمانلق فایده ایتمز

۲۵۸ بو كوده بكا ایسه یاره سكادر

۲۵۹ هر سوز سویلمه كه یرك قولاغی وار

۲٦۰ كورندن كورنمز چوق

۲٦۱ طوتلمیان اوغری بكدن طوغری

۲٦۲ عشقك وار ایسه طاغلره دوش

۲٦۳ آدم اولدر كه اقرارنده دوره

۲٦٤ آدم یكلمك ایله معرفتلو اولور

۲٦۵ قوزغونه كوزل كیمدر دیمشلر بنم یاورولرم دیمش

۲٦٦ طوكزدن قل قوپارمق هنردر

۲۳۵ ایدن بولور

۲۳۶ اولمش ارسلانك صقالن یولار

۲۳۷ کاملی کامل بولور

۲۳۸ دوستده باشه دشمنه آیاغه بقارلر

۲۳۹ یارامز قوکشونك یدی محلّه یه دك ضراری وار

۲۴۰ اشیدلمش خبر اولمز جهانده

۲۴۱ بیوك باشك بیوك آغریسی وار

۲۴۲ بیك تاسه بر بورج اودمز

۲۴۳ صکرکلن کیم ایسه قپویی اول قپار

۲۴۴ باش کیدنجه آیاق پایدار اولمز

۲۴۵ یورك آت یمین آرترر

۲۴۶ عربه یولنده چقمه

۲۴۷ صاغ اوکوزه چورك صمان ضرار اتمز

۲۴۸ اشکه سمری یوك دکل

۲۴۹ بیك ایشت بر سویله

۲۵۰ شریعتك کسدوکی پارمق آغرماز

صناعت چوپ آلتنده در ۲۲۰
سری ویرمك اولور سری عیان ایلمك اولمز ۲۲۱
عجله ایلن یورویین یولده قالور ۲۲۱
آدم آدمه کرك در ۲۲۲
یاره لو اشك یك چاغرر ۲۲۳
سرت سرکه کندی قابنه ضرر ایدر ۲۲۴
اشکنی اول بغله صکره تکری یه اصمرله ۲۲۵
اول طعام صکره کلام ۲۲۶
سببسز کمسه یی دوشمن ایدنمه ۲۲۷
دوستنه چوق واران اکشی صورت کورر ۲۲۸
قراکولقده کوز قپادوغنه کیم بلور ۲۲۹
بوش توربه ایله آت طوتلمز ۲۳۰
غریب قوشك یواسنی تکری یاپار ۲۳۱
بچاق یاره سی اوکلور دل یاره سی اوکلمز ۲۳۲
اوغری اول حرامی اول انصافی الدن قومه ۲۳۳
اکچیله زوال یوق ۲۳۴

٢٠٣ کشینک حرمتی کندو الندندر

٢٠٤ حرمت و محبت ایکی باشدن اولور

٢٠٥ چوملک یوارلندی قپاغنی بولدی

٢٠٦ جان ویرمینجه جان ایله کیرمز

٢٠٧ قوکشو طاوغی قوکشویه قاز کورنور

٢٠٨ جفای چکمین آدم صفانک قدرینی بلمز

٢٠٩ یلانجی کیمدر اشتدوکنی سویلیندر

٢١٠ دوسته بر یشیل یپراق

٢١١ فلان یرک صوونی بیوک ایمش سکانه

٢١٢ کوکلک سورسه کوزلی اودر

٢١٣ قاچمق بنده طوتمق سنده

٢١٤ قول خطاسز اولمز خطا توبه سز اولمز

٢١٥ مؤنث اردن عورت ایودر

٢١٦ ترک دانشمند اولور آدم اولمز

٢١٧ حمامه کیره ترلر

٢١٨ چوق کولن چوق اغلر

١٨٨ بکاره انانمه صویه دایمه کج کونه انانمه عورت سوزینه
الدانمه آتك یورکنه طایمه

١٨٩ قز اناسنده کورمینجه سفرای دوشرمز

١٩٠ ال ایچون اغلیان کوزسز قالور

١٩١ قره یه صابون دلی یه اوکت نه ایلسون

١٩٢ کناره کوز بزین آل اناسن کور قزین آل

١٩٣ بالق آولایانك کوتی صو دکرك

١٩٤ آته بقمه دونه بقمه ایچندکی جانه باق

١٩٥ کلمك ارادت کتمك اجازت

١٩٦ قونشمق اوقومقدن ایودر

١٩٧ کیمك عربه سنده بولنورسك انك ترکیسنی چاغر

١٩٨ حرام حرامه کیدر

١٩٩ یوز ویردیلر علی یه کلدی سجدی حالی یه

٢٠٠ اوکسز اوغلان کوبکی کندو کسر

٢٠١ محب صادق ایودر کشینك اقرباسنده

٢٠٢ عاشق اولان کوردر

کشینك

D

١٧٢ عورت اوی یاپار عورت اوی یقار

١٧٣ اورته لق طاوقدن یالکز یمورطه ایودر

١٧٤ فایده ضررك قرداشی در

١٧٥ بکنمزسن ویردیکی آقچه کی کرو آل

١٧٦ اسکی یار اسکی حمام

١٧٧ آت اوغرلندقدنصکره می اخورك قپوسنی قپارسن

١٧٨ اولمش اشك بولدك نالی چقارمق استرسن

١٧٩ هرکیمك باغی وار یورکنده داغی وار

١٨٠ کون کچر عمر دوکنور دلی سونورکه بیرام کلور

١٨١ دولتلویه دوقن کچ فقراده صاقن کچ

١٨٢ بال طوتن پارمق یالار

١٨٣ آت بننك قلیج قوشانك

١٨٤ یکلمیاه بر الله

١٨٥ زحمتسز بال ینمز

١٨٦ آزاجك آقچه م غوغاسز باشم

١٨٧ چوق بلن چوق یکلور

۱۵۶ قان ایلمه قانوك ایله

۱۵۷ مصلحتلرك خیرلیسی اورته‌سی

۱۵۸ حقیقت اوزره اولان دوستلق اوغوره بغلنو دکلدر

۱۵۹ تکریدن قورقن آدمدن قورقمز

۱۶۰ کیجه‌نك بیوك قارنی وار الله بلور یارنه طوغرر

۱۶۱ طاغ طاغه اولاشمز انسان انسانه اولاشور

۱۶۲ خطابندن عطاسندن

۱۶۳ قضا کلدکده دیده دانش کور اولور

۱۶۴ قمه الك قپوسنه قمه سونلر قپوکا

۱۶۵ یمشلی یه اغاجك صورما

۱۶۶ داملیه داملیه کول اولور

۱۶۷ قابلی شاکرد اوستا اولور اوستاددن

۱۶۸ صاغ اوکوزه چورك صیان نه ایله سون

۱۶۹ ایودن فناسی اولمز مکر فقیر اوله

۱۷۰ الك اوردن اوقجی درصکره اورن بوقجی در

۱۷۱ بیلن بلمز طوغریانی بلور

عورت

١٤١ تهی دست قپویه وارسن افندی اویور دیرلر الکن بر
بخشش وار ایسه افندم کل بیور دیرلر

١٤٢ سود ایله کیره خوی جان ایله چقار

١٤٣ کل چنکل سز و محبت انکل سز اولماز

١٤٤ صبر ایلمک شاذ لغک مختار در

١٤٥ اسکی پنبوق بز اولمز ویرامز دمیرده قلیج اولمز

١٤٦ آتلی اوق دونمز

١٤٧ بر چیلاق بیك جبه لو صویمز

١٤٨ بو کونکی یمورطه یارنکی طاوقدن یکدر

١٤٩ دشمن قرنجه ایسه فیل کبی ظن

١٥٠ ایاق ایاق نردبانه چقرلر

١٥١ یرارات مهموزه احتیاج یوق

١٥٢ قورقق بازرکان فایده اتمز

١٥٣ کوملك قفتاندن یقین در

١٥٤ هر عسرده صکره بر یسر وار در

١٥٥ خذمت اتمکه اوکرنمین افندیلك دخی اتمز

۱۲۵ فقیرلرك تسلی اولمدر

۱۲۶ نه اصل که پاشا رسق اویله اولورز

۱۲۷ چوق قوجقلیان آز دوشرر

۱۲۸ چوغه تألیف اولان از بر یسنه یتشور

۱۲۹ دل قلیج ده چوق اولدرر

۱۳۰ اشسزلك کوچلرك باباسیدر

۱۳۱ عزیز علم یومشاق دوشکده یاتمز

۱۳۲ خصمك بورسایه کتدی

۱۳۳ یردمیر کوك بقر

۱۳۴ زمانه اویمق کرك

۱۳۵ ایولك ایله دکزه براق بالق بلمزسه خالق بلور

۱۳۶ قول دیدیکی اولمز الله دیدیکی اولور

۱۳۷ چون تیر قضا کماندن قدرده اتلور سپر حذر ایله دفع اولنماز

۱۳۸ اکری اوتور دوغرو سویله

۱۳۹ نصیبك وار ایسه کلور یمنده نصیبك یوغیسه دوشر دهنده

۱۴۰ هرکونه بیرام دکل مکر دلی یه

تهی

١١٠ سركه فوچیندن بال داملەسیلن دخی چوق سنك طوتلور

١١١ فقرالره ویره اللهه ویرر

١١٢ زماه صماه صاتار

١١٣ ایولك بلمیین ادم آدم یرینه صایلمز

١١٤ صوچینی برغیر یسنك اوزرینه اتمق حوانك کوناهیدر

١١٥ صقلتلر اوکتلر

١١٦ آزیین چوق یرچوق یین آز یر

١١٧ دلینك یورکی آغزندەدر و عاقلك دلی یورکندەدر

١١٨ هر اغلامەنك کولمەسی واردر

١١٩ بزی ایو یوله کتوره واوکت ویرن اوك بیوك دوستمزدر

١٢٠ راحتله کچمك ایچون فنا طبیعتلرینی ضبط اتمەسنی اك کرچك
یولدر

١٢١ سكا ضرار ایدنه ایولك ایله اویله هم او هم الله سنی سور

١٢٢ دل آدمی بیاه ایدر

١٢٣ بر ایو شراب و بر دلبر عورت ایکی لطتلو زهردر

١٢٤ همكن سزاولاه شیلری آرامه وارزولمه

۹۴ دوتن دن قورتلمق ایچون آتش ایچنه دوشمه

۹۵ زورسز برشی اولمز

۹۶ بوایش چوق سومدن قوقار

۹۷ طتلو سوزی یورکندن اود

۹۸ دلی دراولکه زنکیندر ولکن فقرا کبی کچنور

۹۹ ایکی قبله یه طاپنندن دین اولمز

۱۰۰ الله دیین محروم قالمز

۱۰۱ جان جانک یولداشی در

۱۰۲ هرنه ویررسن الک ایله اول کاورسنکله

۱۰۳ دوشمنلرک النی طوت ربی الکدن سنی طوتر

۱۰۴ نه اکرسن انی بیچرسن

۱۰۵ الله دن باشه یازلمش کلجک

۱۰۶ هرکند وعیبنی بلمز

۱۰۷ مدارادن اوزاق اولان الله دن یقیندر

۱۰۸ یارامزلر ایله یاراولمه ایولردن عبرت آل

۱۰۹ زمان ایلن وصمانیله مشمشلر ایرشرلر

سرکه

٧٨ تلكى آلدا تلمز

٧٩ زنكينه مال ويرن دكزه صو كتورر

٨٠ هر شئ كندوسنه چكملو

٨١ بزم عمللريمز سوزلريمزه اويجق

اور

٨٢ حلال مال ضايع اولمز ناحق مال تيز ضايع اولور شيطان

٨٣ راحت استين آدم صاغر كور دلسز اوليجق

٨٤ امام اوصورنجه جماعت سچار

٨٥ كدى بوقنى اورتركبى سرينى صقليور

٨٦ يا دولت باشه يا قوسغوره لشه

٨٧ غيرلره حاضر ايتدوكى خندغه دوشدى

٨٨ سفره سيرمه يعنى چوق يمه

٨٩ قورد قارتالدن قورتلمز

٩٠ سنك يرمفك ايله سنى اولچ

٩١ استمدوكى پشكش قبول اولمز

٩٢ هپسنى برجيله مز بلملو ايز

٩٣ سن دائما بر سياه حبشى كبى سن

٦٢ کوزده اوزاق اولان کوکلدن دخی اوزاق

٦٣ آدم آدمی صلت برکره آلداتر

٦٤ دلدن کان الدن کلسه هر فقرا پاشا اولور

٦٥ آرق طاوقده سمیز تریت اولمز

٦٦ طمعکاردن شئ دیلیین دکزده بر چقور آچار

٦٧ باشنی اوده طوتن آدم قلبه لقدن قلبغی عیب ایدر

٦٨ قاشنمغه طرنق استر

٦٩ مالمز بوغیسه عرضمز اولسون .

٧٠ کوزمزی آچالم یوخسه آچارلر

٧١ سببسز باغرمق دلیلکدر

٧٢ احتیاطده سلامت اولور

٧٣ قورد قولاغنده طوتمق پك کوجدر

٧٤ عربه ایلن طوشان طوتلور

٧٥ ایکی قاربوز بر قولتغه صغمز

٧٦ دکلمدوکندن چوق آدم هیچ بر شئ بلمز و یکلش ایدر

٧٧ بر دفعه دوشن آدم بر دخی دوشمز

٤٦ كدى بولنمدوغى يرده سچانلر باش قالدرر

٤٧ ايكى جانباز بر ايپده اوينامز

٤٨ بال بال ديمكله اغز طاتلو اولمز

٤٩ اغلامايان چوجغه ممه ويرمزلر

٥٠ ياشى آت پازارنده صوررلر

٥١ بخشش آتك ديشنه باقلمز

٥٢ ديه جكنى فكر ايله اويله سويله

٥٣ قرغه بلبل يرينه صاتمه استرسن

٥٤ يمش اولميان اغاجه طاش آتمزلر

٥٥ سكا اوز ديديلر ايسه اولدر ديمديلر

٥٦ دنيا دكنور دشمن دكمز

٥٧ خسته يه دوشك مى صوررسن

٥٨ كنج بكه خذمت اتمك وكير آت تيمار اتمك نقدر كوچدر

٥٩ كل دكنسز اولمز وصفا جفاسز اولمز

٦٠ حق سوز آجى اولور

٦١ دوست ايله يه ايچ آليش ويريش اتمه

٣٠ عورتك اوكتى عورته كچر

٣١ يارامز آدم پازار بوزار ايو آدم پازار يا پار

٣٢ طوغرو سويليني شهردن قوارلر

٣٣ يارامزه كندو بلاسني يتر

٣٤ بني صايانك قولى ايم صايمانك سلطاني ايم

٣٥ حيوان اولور سمرى قالور انسان اولور آدى قالور

٣٦ دلني ضبط ايدن باشني قورتارر

٣٧ كندوندن دوشن اغلاماز

٣٨ عربه قريلنجه ايو يولى كوسترن چوقدر

٣٩ عيبسز دوست آراين دوستسز قالور

٤٠ انسان انسانك آينه سيدر

٤١ چوق ياشان چوق بلمز چوق كزن چوق بلور

٤٢ هر يوقشك اينشى وار

٤٣ دكنده كل بتر كلده دكن

٤٤ قزم سكا ديرم كلنم ايشتسون

٤٥ تنبل قدرتم يوقدر ديور

كدى

۱۴ ظنّ ایمدولك یرده تلکی چقار

۱۵ کورك استدوکی نه در ایکی کوز

۱۶ یورغانکا کوره ایاغکی اوزات

۱۷ اصلاجق صویه بوغلمز

۱۸ کالی استین دکنلرنده استمك کرك

۱۹ کسمدوك الی اوپ

۲۰ عقللو دشمن عقلسز دوستدن ایودر

۲۱ کوچك بیوکه تابع اوللو

۲۲ سرّکی دوستکه دوستك ده دشمنکه آچمه

۲۳ ایکی دلی یه بر اصلو قومشلر

۲۴ سرچه دن قورقن داری اکمسون

۲۵ اسکی سپرکه دامه آتارلر

۲۶ یاغموردن قاچن طولویه اوغرادی

۲۷ چوق اریه اتی چتلتر

۲۸ صقال باشنه قورباه اولسون

۲۹ تیز کیدن تیز یورلور

ضروب امثال

١ دوست بیك ایسه آز در دشمن بر ایسه چوقدر

٢ ای ابدال ای درویش آقچه ایله بتر هر ایش

٣ ات اورر کروان کچر

٤ مفت سرکه بالدن طاتلودر

٥ آزی بلمین چوغی هیچ بلمز

٦ کوپك کوپکی یمز

٧ سنده قوتلو ایلی طوتشمه

٨ ایکی رأیس بر کمی باتررلر

٩ روزگاره توکره یوزینه توکرر

١٠ دیشك اغردوغی یره دلی دوقنور

١١ شهری کورنه قولاغزنه لازم

١٢ کوچك طاش باشی یارر

١٣ اولمه اشکم یاز کلور یونجه بتر

ظن

مجموعهٔ انواع
ضروب امثال

Litho: de C. Motte, R. des marais S.t Ger.ⁿ

مدهشه تقصیراتنه محمول وفی الحال معزول اولوب امراء
دریادن جعفربکه میرمیرانلق احسان ودریایه قپودان نصیله
کامران قلینوب مرسای ترسانه‌ده موجود التی قطعه سفینه
تجهیز وترتیب وعلی العجله معیتنه تسریب اولدیغندن بشقه
اولکوده وبارطرفلرندن دخی اوتوز قطعه قدر سفاین تنظیم و
اقدکز محافظه سنه تعیین ایله صدکرنده خصم لئیم قیلنمق
اوزره اقتضا ایدن مبالغی مباشرنه تسلیم ولازم کلان
اوامری اسکندریه متصرفنه خطابا ترقیم اولندی لاحقه عن
اصل فوز وظفر ومجاری امور بشر بازبستهٔ احکام قدر اولوب
خایض غمار امور عظام اولنلره اسناد قصور حیز انصافدن
دوردر نعم پروردهٔ دول اولانلرک اکثریسی امور دولتلرینی
بر وفق مرام تمشیتنه قیام ایله تحصیل نیک نام قیدندن اولدقلر
اکثر احیان نمایان ایکن مراتب سامیهٔ دولته نایل اولنلر من
طریق الاولی بو مسلکه اقتفا ایله زمانلرنده سبب شین و
عار وباعث سقوط اعتبار اوله جق مکارهٔ اموردن اجتناب
ایدن کلدکاری محرّبان احوال روزکاره بدیداردر
تمّ

افریدکار اولدیلر اوحوالی عسکردن خالی قالدیغنه بناءً دشمن
ازمیرکورفزنه دخول اتمك ورووی دریاده بوله جغی سفینه‌یی
غصب ایلمك واردات خاطردن اولمغه ازمیردن بش قطعه
تجار سفینه‌سی اشترا اولنوب ازمیره اون ایکی میل بعدی اولان
سنجاق بورنی ثغرنه باطردیلوب قلعهٔ مذکوریه دخی مهما امکن
متانت ویرلدیکندن بشقه مقدّما اعانت ایچون تجهیز اولنان
قراوله‌لردخی بولندقلری محللّرده توقیف اولنمق ایچون سدّ البحر
محافظی اولان صدر سابق علی پاشایه مخصوص امر عالی اصدار
وسواحلدن و دریاده بولنان تجّاره دخی بو کیفیت اخطار اولنوب
طوفان محاربه سکون بولنجیه دك اولدقلری محللّرده اقامت
وعدم حرکتلری تأکید و قلاع و ثغور و مستحفظلرینه تیقّظ
اوزره بولنملری امرندن تشدید اولندی اطراف واکنافك انسدادی
معلوم جموع اعادی اولدیغنه بناءً ایصال ضرردن نومید و
سفینه‌لرینی قپوان الطه‌سی اطرافنده تعمیر عقبنده نابدید اولدیلر
بوقصّهٔ عبرتنمون کافّهٔ مسلمینی محزون وباخصوص شهریار
عبرتشعار حضرتلرینی مبتلای قلق واختلاج درون ایلیوب
اخذ ثار اسلام وتایید شریعت فخرانام ضمننده درگاه خالق
بی انبازه رفع اکف نیاز ایلدیلر قپودان پاشانك بوحالت

دشمن دینك قپودانه سنه مقارنت وایکی طرفده جنکه مباشرت اولنوب اعداده مجال مقابله واحتمال مقاتله برطرف وسفینه‌لری ضبط کردهٔ اسلام اوله جغنی جزم ایله مبتلای اندوه واسف اولملریله راکب اولدقلری سفینه‌یی احراق وبقضاء الله تعالی سفینه مذکوره قپودانهٔ همایونه التصاق ایدوب افتراق ممکن اولمدیغنده ایکیسی برده سوزاده وجزایرلی حسن بك هزار محنتله تخلیص جان ایلدی بونده صکره دونمای همایون چشمه لیمانته دخولی واعدا دخی اومحله وصول وتکرار جنکه ابتدار وثوارع طوپله روی دریایی موازی کورهٔ نار ایلدیلر دریا محاربه سنه اعدا ایلکی اوزرنده ایکن لیمانه تحصن موجب مخاطره ومهلکه ایکن قپودان پاشانك لیمانه دخولی ظواهر حاله نظراً اقتضای دعوت قبیلندن اولوب شویلکه دفع صایل صورتنده مشار ایله محاربه‌یه مشغول ایکن اعدا نفط وسایر اجزای ناریه ایله مملو بر قاچ قایق اشعال ودونمایه ایصال ایلیوب یکدیکره مجاورت ایله اعانت قصدنده اولان سفاینك جمله‌سی ماه مزبورك اون دردنجی جمعه ایرته‌سی کیجه‌سی محترق ودرونده اولان عساکر بلا محاربه ازمیر وسایر سواحله متفرق وقپودان پاشا وجزایرلی حسن بك زخمدار وپطرونه قپودانی علی قپودان ایله دیکر برنفر قپودان شناور دریای مغفرت حضرت

ودرعقب انابولی لیماننه دخول ایله بو طرفه افادهٔ حال ایتمشیدی
مشار الیهك دشمن کمیلرنده تحری و لیمانه دخولی موجب جسارت
اعدا و لیمانه وغول و اقتحاملرینه علت اقوای اولوب نه حال ایسه
مقابله و حین مقاتله ده خصمك اوچ انبارلی بر سفینه سی صدمات
طوب رعد اشوبدن متزلزل و اجزاسی متخلخل اولمغله درعقب
غریق گرداب ما و اختشامدن صکره ذکر اولنان دشمن سفینه لری
ارام ایدن میوب دریا وسیع الارجانك بر سمتنه سکان خبیتی ارخا
ایلدیلر اعدانك غیبتی سببیله قپودان پاشا انابولی لیماننده بادبان
عزیمته کشاد ویروب بنکشه برونه طوغرو عزیمت ایلدکده دشمن
ایله تکرار اغاز جنك و وغا و عدم مساعدهٔ روزکار ایله کیرو
قالان سفینه لره ساقز لیماننده التقا و تکمیل لوازم ایله بالاتفاق
لیماندن چیقوب قصد اعدا ایتمشلر ایدی دشمن ساقز جزیره سی
وراسنده نمایان و دونمای همایونه ایراث زیان ایدهجکی قپودان
پاشایه بیان اولندقده قیون اطه لری اطرافنده مهمات جنکی
اماده و روزنهٔ عزیمتی سوی اعدایه کشاده ایلدکلرنده ناکاه اعدا
کمیلری بدیدار اولوب نار پرشرار قتال مرةً بعد اخری التهاب
و لهیب مهیب جدال اشتعال بولدیغی خلالده نرهٔ دیو قاق
مصافا اولان جزایرلی حسن بك که او اثناده قپودانه راکب ایدی

احتراق دونانما وعزل قپودان دریا

بالاده تفصیل وبیان اولندیغی وجه اوزره اعدای دینك
سفاینی بحر سفیدده کشت وکذار وجزایر وسواحل اسلامیه‌یه
ایصال خسار ایلدیکی تواتر باب اشتهار اولدیغنه بناءً دفع
مکیدت دشمن قصدیله یکرمی قطعه دن متجاوز سفاینك
لوازماتی تیزالده تنظیم وقپودان دریا اولان حسام الدین
پاشا معیتنه ویریلوب محافظهٔ اطراف خصوصی طرفنه کرکی
کبی تفهیم اولنمشیدی مشار الیه بر وقت نحس مستمرده
آستانه دن حرکت وکلیبولیدن اکمال لوازم جدال صورتنده
مکث واقامتدن صکره برقاچ قطعه سفینه ایله موره طرفلرینه
عزیمت وسفاین باقیه‌یی دخی اقتضا ایدن محللرك محافظه‌سنه
تعیین ایله جزم واحتیاطه رعایت ایتمشیدی هبوب ایدن هوا
خلاف مطلوب اولدیغندن حرکته مجال محال اولوب بر مدتدن
صکره باد موافق وزان وسفن باقیه محال مقصوده جریان
ایدوب قپودان پاشا دخی موره صولرینه واصل وسفاین
اعدا ایله متقابل اولوب فی الحال اشعال نایرهٔ جنك وقتال

تواریخ
آل عثمانده
ملخص اولنان
قصه سی
در

Lithoé par T. X. Bianchi Impie de C. Motte

ERRATA.

Pages.	lignes.	
11.	14.	*Au lieu de* Dgé, *lisez* G.
Ibid.	20.	*Au lieu de* Tché, *lisez* C.
12.	18.	*Au lieu de* ou avec, *lisez* et on prononce ces lettres avec.
16.	8.	*Au lieu de* يمك *ïemek*, manger, *lisez* بيك *bîñ*, mille.
16.	10.	*Au lieu de* يل *lisez* ايل
25.	6.	*Au lieu de* en changeant cette lettre, *lisez* en changeant en ش les syllabes مك ou مق
30.	22.	*Au lieu de* préposition, *lisez* adverbe.
31.	10.	*Au lieu de* préposition, *lisez* adverbe.
40.	11.	*Au lieu de* en ce que le génitif se termine, *lisez* en ce que le génitif du pronom de la première personne se termine.
44.	3.	*Au lieu de* قرقرسن *lisez* قورقرسن
45.	21.	*Au lieu de* substantif français *personne*, *lisez* des mots français *aucun* et *personne*.
65.	8.	*Au lieu de* atdermak, *lisez* atdermaq.
Ibid.	15.	*Au lieu de* alenmak, *lisez* alenmaq.
66.	21.	*Au lieu de* qui dérivent du nom et qui se changent, *lisez* qui dérivent du nom. Ils se changent.
90.	21.	*Au lieu de* s'élident ou disparaissent le plus souvent, *lisez* s'élident souvent ou sont remplacées par un ه
105.	5.	*Au lieu de* les Turks en font un fréquent usage, *lisez* les Turks en emploient fréquemment.
Ibid.	17.	*Au lieu de* sek, *lisez* seq.
107.	4 en note.	*Au lieu de* رعاتيله ra'at ileh, *lisez* رعايتيله ra'aïet ileh.

PLANCHES LITHOGRAPHIÉES.

57.e proverbe.	*Au lieu de* خستيه *lisez* خسته يه
72.e	*Au lieu de* آور *lisez* آلور
202.e	*Au lieu de* اشتدوكنى *lisez* اشندكنى
225.e	*Au lieu de* اشكنى *lisez* اشككى

PARADIGME DE LA DÉCLINAISON DES NOMS.

DÉCLINAISON

DES NOMS TERMINÉS PAR UNE CONSONNE.

SINGULIER.

N.	ار	*er,*	l'homme *[vir].*
G.	ارك	*eruñ,*	de l'homme.
D.	اره	*ereh,*	à l'homme.
Ac.	اری	*eri,*	l'homme.
V.	یا ار	*ïa er,*	ô homme.
Ab.	اردن	*erden,*	de l'homme.

PLURIEL.

N.	ارلر	*erler,*	les hommes.
G.	ارلرك	*erleruñ,*	des hommes.
D.	ارلره	*erlereh,*	aux hommes.
Ac.	ارلری	*erleri,*	les hommes.
V.	یا ارلر	*ïa erler,*	ô hommes.

DES NOMS TERMINÉS PAR UNE DES LETTRES ا و ە ی.

SINGULIER.

N.	اغا	*agha,*	le seigneur.
G.	اغانك	*aghanuñ,*	du seigneur.
D.	اغایه	*aghaïeh,*	au seigneur.
Ac.	اغای	*aghaï,*	le seigneur.
V.	یا اغا	*ïa agha,*	ô seigneur.
Ab.	اغادن	*aghaden,*	du seigneur.

PLURIEL.

N.	اغالر	*aghaler,*	les seigneurs.
G.	اغالرك	*aghaleruñ,*	des seigneurs.
D.	اغالره	*aghalereh,*	aux seigneurs.
Ac.	اغالری	*aghaleri,*	les seigneurs.
V.	یا اغالر	*ïa aghaler,*	ô seigneurs.

DÉCLINAISON

DES NOMS TERMINÉS PAR UNE CONSONNE.

SINGULIER.

N.	ارسلان	*arslan,*	le lion.
G.	ارسلانك	*arslanuñ,*	du lion.
D.	ارسلانه	*arslanah,*	au lion.
Ac.	ارسلانی	*arslani,*	le lion.
V.	یا ارسلان	*ïa arslan,*	ô lion.
Ab.	ارسلاندن	*arslanden,*	du lion.

PLURIEL.

N.	ارسلانلر	*arslanler,*	les lions.
G.	ارسلانلرك	*arslanleruñ,*	des lions.
D.	ارسلانلره	*arslanlereh,*	aux lions.
Ac.	ارسلانلری	*arslanleri,*	les lions.
V.	یا ارسلانلر	*ïa arslanler,*	ô lions.
	ارسلانلردن	*arslanlerden,*	des lions.

DES NOMS TERMINÉS PAR UNE DES LETTRES ا و ە ی.

SINGULIER.

N.	کیجه	*ghidjeh,*	la nuit.
G.	کیجه نك	*ghidjehnuñ,*	de la nuit.
D.	کیجه یه	*ghidjehïeh,*	à la nuit.
Ac.	کیجه ی	*ghidjehi,*	la nuit.
V.	یا کیجه	*ïa ghidjeh,*	ô nuit.
Ab.	کیجه دن	*ghidjehden,*	de la nuit.

PLURIEL.

N.	کیجه لر	*ghidjehler,*	les nuits.
G.	کیجه لرك	*ghidjehleruñ,*	des nuits.
D.	کیجه لره	*ghidjehlereh,*	aux nuits.
Ac.	کیجه لری	*ghijehleri,*	les nuits.
V.	یا کیجه لر	*ïa ghidjehler,*	ô nuits.
Ab.	کیجه لردن	*ghidjehlerden,*	des nuits.

Ac.	اِرلری	*erleri,*	les hommes.
V.	يا ارلر	*ïa erler,*	ô hommes.
Ab.	ارلردن	*erlerden,*	*des hommes.*

SINGULIER.

N.	يكت	*ighit,* (1)	le jeune homme.
G.	يكدك	*ighiduñ,*	du jeune homme.
D.	يكده	*ighideh,*	au jeune homme.
Ac.	يكدى	*ighidi,*	le jeune homme.
V.	يا يكت	*ïa ighit,*	ô jeune homme.
Ab.	يكدن	*ighitten,*	du jeune homme.

PLURIEL.

N.	يكدلر	*ighidler,*	les jeunes hommes.
G.	يكدلرك	*ighidleruñ,*	des jeunes hommes.
D.	يكدلره	*ighidlereh,*	aux jeunes hommes.
Ac.	يكدلرى	*ighidleri,*	les jeunes hommes.
V.	يا يكدلر	*ïa ighidler,*	ô jeunes hommes.
Ab.	يكدلردن	*ighidlerden,*	des jeunes hommes.

(1) *Voyez*, relativement au changement du *d* en *t*, les n.os 10 et 16 de la Grammaire.

Ac.	اغالری	*aghaleri,*	les seigneurs.
V.	يا اغالر	*ïa aghaler,*	ô seigneurs.
Ab.	اغالردن	*aghalerden,*	*des seigneurs.*

SINGULIER.

N.	قپو	*qapou,*	la porte.
G.	قپونك	*qapounuñ,*	de la porte.
D.	قپويه	*qapïeh,*	à la porte.
Ac.	قپوى	*qapï,*	la porte.
V.	يا قپو	*ïa qapou,*	ô porte.
Ab.	قپودن	*qapouden,*	de la porte.

PLURIEL.

N.	قپولر	*qapouler,*	les portes.
G.	قپولرك	*qapouleruñ,*	des portes.
D.	قپولره	*qapoulereh,*	aux portes.
Ac.	قپولرى	*qapouleri,*	les portes.
V.	يا قپولر	*ïa qapouler,*	ô portes.
Ab.	قپولردن	*qapoulerden,*	des portes.

Ac.	[illegible]	[illegible]	[illegible]
V.	يا ارسلانلر	*ïa arslanler,*	ô lions.
Ab.	ارسلانلردن	*arslanlerden,*	des lions.

SINGULIER.

N.	يپراق	*ïapraq,*	la feuille.
G.	يپراغك	*ïapraghuñ,*	de la feuille.
D.	يپراغه	*ïapraghah,*	à la feuille.
Ac.	يپراغى	*ïapraghi,*	la feuille.
V.	يا يپراق	*ïa ïapraq,*	ô feuille.
Ab.	يپراقدن	*ïapraqten,*	de la feuille.

PLURIEL.

N.	يپراقلر	*ïapraqler,*	les feuilles.
G.	يپراقلرك	*ïapraqleruñ,*	des feuilles.
D.	يپراقلره	*ïapraqlereh,*	aux feuilles.
Ac.	يپراقلرى	*ïapraqleri,*	les feuilles.
V.	يا يپراقلر	*ïa ïapraqler,*	ô feuilles.
Ab.	يپراقلردن	*ïapraqlerden,*	des feuilles.

V.	يا كيجه‌لر	*ïa ghidjehler,*	ô nuits.
Ab.	كيجه‌لردن	*ghidjehlerden,*	des nuits.

SINGULIER.

N.	مفتى	*mufti,*	le patriarche.
G.	مفتينك	*muftinuñ,*	du patriarche.
D.	مفتيه	*muftieh,*	au patriarche.
Ac.	مفتىء	*muftii,*	le patriarche.
V.	يا مفتى	*ïa mufti,*	ô patriarche.
Ab.	مفتيدن	*muftiden,*	du patriarche.

PLURIEL.

N.	مفتيلر	*muftiler,*	les patriarches.
G.	مفتيلرك	*muftileruñ,*	des patriarches.
D.	مفتيلره	*muftilereh,*	aux patriarches.
Ac.	مفتيلرى	*muftileri,*	les patriarches.
V.	يا مفتيلر	*ïa muftiler,*	ô patriarches.
Ab.	مفتيلردن	*muftilerden,*	des patriarches.

Gramm. Turke, p. 21, n.° 49.

TABLEAU SYNOPTIQUE DE L

Du verbe actif سومك *sevmek*, aimer, on forme	LE NÉGATIF. سوممك *sevmemek*, ne pas aimer.	LE TRANSITIF. سودرمك *sevdurmek*, faire aimer.
	L'IMPOSSIBLE. سوهممك *sevememek*, ne pouvoir pas aimer.	LE NÉGATIF DU TRANSITIF. سودرممك *sevdurmemek*, ne pas faire aimer.
		L'IMPOSSIBLE DU TRANSITIF. سودرهممك *sevdurememek*, ne pas pouvoir faire aimer.

Gramm. Turke, p. 65, n.° 124.

LA DÉRIVATION DES VERBES.

LE PASSIF. سولمك *sevilmek,* être aimé.	LE RÉFLÉCHI. سونمك *sevinmek,* s'aimer, se plaire, se réjouir.	LE RÉCIPROQUE. سوشمك *sevichmek,* s'entre-aimer, s'aimer réciproquement.
LE NÉGATIF DU PASSIF. سولممك *sevilmemek,* n'être pas aimé.	LE NÉGATIF DU RÉFLÉCHI. سونممك *sevinmemek,* ne pas s'aimer.	LE NÉGATIF DU RÉCIPROQUE. سوشممك *sevichmemek,* ne pas s'aimer réciproquement.
L'IMPOSSIBLE DU PASSIF. سولەممك *sevilememek,* ne pouvoir pas être aimé.	L'IMPOSSIBLE DU RÉFLÉCHI. سونەممك *sevinememek,* ne pouvoir pas s'aimer.	L'IMPOSSIBLE DU RÉCIPROQUE. سوشەممك *sevichememek,* ne pouvoir s'aimer réciproquement.
LE TRANSITIF DU PASSIF. سولدرمك *sevildurmek,* faire que quelqu'un soit aimé.	LE TRANSITIF DU RÉFLÉCHI. سوندرمك *sevindurmek,* se faire aimer.	LE PASSIF DU RÉCIPROQUE. سوشلمك *sevichilmek,* s'être aimés réciproquement.
	LE NÉGATIF DU PRÉCÉDENT. سوندرممك *sevindurmemek,* ne pas se faire aimer.	LE NÉGATIF DU PRÉCÉDENT. سوشلممك *sevichilmemek,* ne pas s'être aimés réciproquement.
	L'IMPOSSIBLE DU MÊME. سوندرەممك *sevinderumemek,* ne pouvoir pas se faire aimer.	L'IMPOSSIBLE DU MÊME. سوشەلممك *sevichelmemek,* ne pouvoir pas s'être aimés réciproquement.
		LE TRANSITIF DU RÉCIPROQUE. سوشدرمك *sevichturmek,* faire qu'on s'aime réciproquement.
		LE NÉGATIF DU PRÉCÉDENT. سوشدرممك *sevichturmemek,* ne pas se faire aimer réciproquement.
		L'IMPOSSIBLE DU MÊME. سوشدرەممك *sevichturememek,* ne pouvoir pas se faire aimer réciproquement.

CONJUGAISON

Des Verbes terminés en مك.			Des Verbes terminés en مق.		

INDICATIF.

PRÉSENT.

سورم	*severum,*	j'aime.	باقرم ou بقرم	*baqarum,*	je regarde.
سورسن	*seversen,*	tu aimes.	باقرسن	*baqarsen,*	tu regardes.
سور	*sever,*	il aime.	باقر	*baqar,*	il regarde.
سورز	*severuz,*	nous aimons.	باقرز	*baqaruz,*	nous regardons.
سورسز	*seversiz,*	vous aimez.	باقرسز	*baqarsiz,*	vous regardez.
سورلر	*severler,*	ils aiment.	باقرلر	*baqarler,*	ils regardent.

SECOND PRÉSENT.

سوه‌يورم ou سويورم	*seveïurum,*	j'aime *(actuellement).*	بقيورم ou باقه‌يورم	*baqaïurum,*	je regarde *(actuellem.t).*
سويورسن	*seveïursen,*	tu aimes.	باقيورسن	*baqaïursen,*	tu regardes.
سويور	*seveïur,*	il aime.	باقيور	*baqaïur,*	il regarde.
سويورز	*seveïuruz,*	nous aimons.	باقيورز	*baqaïuruz,*	nous regardons.
سويورسز	*seveïursiz,*	vous aimez.	باقيورسز	*baqaïursiz,*	vous regardez.
سويورلر	*seveïurler,*	ils aiment.	باقيورلر	*baqaïurler,*	ils regardent.

IMPARFAIT.

سورايدم ou سوردم	*severidum,* ou *severdum,*	j'aimois.	بقرايدم ou باقردم	*baqaridum,* ou *baqardum,*	je regardois.
سوردڭ	*severduñ,*	tu aimois.	باقردڭ	*baqarduñ,*	tu regardois.
سوردى	*severdi,*	il aimoit.	باقردى	*baqardi*	il regardoit.
سوردك	*severduk,*	nous aimions.	باقردق	*baqarduq,*	nous regardions.
سوردڭز	*severdiñiz,*	vous aimiez.	باقردڭز	*baqardiñiz,*	vous regardiez.
سورلرايدى ou سورديلر	*severleridi* ou *severdiler,*	ils aimoient.	باقرلرايدى ou باقرديلر	*baqarleridi* ou *baqardiler,*	ils regardoient.

SECOND IMPARFAIT *(peu usité).*

سويوردم	*seveïurdum,*	j'aimois *(alors que).*	باقيوردم ou بقيوردم	*baqaïurdum,*	je regardois *(alors que).*
سويوردڭ	*seveïurduñ,*	tu aimois.	باقيوردڭ	*baqaïurduñ,*	tu regardois.
سويوردى	*seveïurdi,*	il aimoit.	باقيوردى	*baqaïurdi,*	il regardoit.
سويوردك	*seveïurduk,*	nous aimions.	باقيوردق	*baqaïurduq,*	nous regardions.
سويوردڭز	*seveïurdiñiz,*	vous aimiez.	باقيوردڭز	*baqaïurdiñiz,*	vous regardiez.
سويورديلر	*seveïurdiler,*	ils aimoient.	باقيورديلر	*baqaïurdiler,*	ils regardoient.

TROISIÈME IMPARFAIT.

سورايمشم ou سورمشم	*severimichum* ou *severmichum,*	j'aimois *(quelquefois).*	بقرايمشم ou باقرمشم	*baqarimichum* ou *baqarmichum,*	je regardois *(quelquef.)*
سورمشسن	*severmichsen,*	tu aimois.	باقرمشسن	*baqarmichsen,*	tu regardois.
سورمشدر ou سورمش	*severmichdur* ou *severmich,*	il aimoit.	باقرمشدر ou بقرمش	*baqarmichdur* ou *baqarmich,*	il regardoit.
سورمشز	*severmichiz,*	nous aimions.	باقرمشز	*baqarmichiz,*	nous regardions.
سورمشسز	*severmichsiz,*	vous aimiez.	باقرمشسز	*baqarmichsiz,*	vous regardiez.
سورلرايمش ou سورمشلر	*severler imich* ou *severmichler,*	ils aimoient.	باقرلرايمش ou باقرمشلر	*baqarler imich* ou *baqarmichler,*	ils regardoient.

CONJUGAIS

Des Verbes terminés en مك.

PRÉTÉRIT

سودم	*sevdum,*	j'aimai.
سودڭ	*sevduñ,*	tu aimas.
سودى	*sevdi,*	il aima.
سودك	*sevduk,*	nous aimâmes.
سودڭز	*sevdiñiz,*	vous aimâtes.
سوديلر	*sevdiler,*	ils aimèrent.

SECOND PRÉTÉR

سومشم	*sevmichum,*	j'ai aimé.
سومشسن	*sevmichsen,*	tu as aimé.
سومشدر	*sevmichdur,*	il a aimé.
سومشز	*sevmichiz,*	nous avons aimé.
سومشسز	*sevmichsiz,*	vous avez aimé.
سومشلر	*sevmichler,*	ils ont aimé.

TROISIÈME PRÉTÉ

سومش اولدم	*sevmich oldum,*	j'ai *(quelquefois)* aimé.
سومش اولدڭ	*sevmich olduñ,*	tu as aimé.
سومش اولدى	*sevmich oldi,*	il a aimé.
سومش اولدق	*sevmich olduq,*	nous avons aimé.
سومش اولدڭز	*sevmich oldeñiz,*	vous avez aimé.
سومش اولديلر	*sevmich oldiler,*	ils ont aimé.

PRÉTÉRIT ANTÉR

سومشيدم	*sevmichidum,*	j'avois aimé.
سومشيدڭ	*sevmichiduñ,*	tu avois aimé.
سومشيدى	*sevmichidi,*	il avoit aimé.
سومشيدك	*sevmichiduk,*	nous avions aimé.
سومشيدڭز	*sevmichidiñiz,*	vous aviez aimé.
سومشلرايدى ou سومش ايديلر	*sevmichleridi* ou *sevmich idiler,*	ils avoient aimé.

PRÉTÉRIT POSTÉRIE

سومش اولورم	*sevmich olourum,*	j'aurai aimé.
سومش اولورسن	*sevmich oloursen,*	tu auras aimé.
سومش اولور	*sevmich olour,*	il aura aimé.
سومش اولورز	*sevmich olourouz,*	nous aurons aimé.
سومش اولورسز	*sevmich oloursiz,*	vous aurez aimé.
سومش اولورلر	*sevmich olourler,*	ils auront aimé.

PARADIGME DE LA

[CON]JUGAISON

Des Verbes terminés en مق.

[PR]ÉTÉRIT.

باقدم ou بقدم	*baqtum*	je regardai.
باقدك	*baqtuñ,*	tu regardas.
باقدی	*baqti,*	il regarda.
باقدق	*baqtuq,*	nous regardâmes.
باقدکز	*baqtiñiz,*	vous regardâtes.
باقدیلر	*baqtiler,*	ils regardèrent.

[SECO]ND PRÉTÉRIT.

باقمشم ou بقمشم	*baqmichum,*	j'ai regardé.
باقمشسن	*baqmichsen,*	tu as regardé.
باقمشدر	*baqmichdur,*	il a regardé.
باقمشز	*baqmichiz,*	nous avons regardé.
باقمشسز	*baqmichsiz,*	vous avez regardé.
باقمشلر	*baqmichler,*	ils ont regardé.

[TROISI]ÈME PRÉTÉRIT.

[...]né. باقمش اولدم	*baqmich oldum,*	j'ai *(quelquef.)* regardé.
باقمش اولدك	*baqmich olduñ,*	tu as regardé.
باقمش اولدی	*baqmich oldi,*	il a regardé.
باقمش اولدق	*baqmich olduq,*	nous avons regardé.
باقمش اولدکز	*baqmich oldeñiz,*	vous avez regardé.
باقمش اولدیلر	*baqmich oldiler,*	ils ont regardé.

[PRÉTÉRI]T ANTÉRIEUR.

بقمشیدم ou باقمشیدم	*baqmichidum,*	j'avois regardé.
باقمشیدك	*baqmichiduñ,*	tu avois regardé.
باقمشیدی	*baqmichidi,*	il avoit regardé.
باقمشیدق	*baqmichiduq,*	nous avions regardé.
باقمشیدکز	*baqmichidiñiz,*	vous aviez regardé.
باقمشلرایدی ou باقمشیدیلر	*baqmichleridi* ou *baqmich idiler,*	ils avoient regardé.

[FUTUR] POSTÉRIEUR.

باقمش اولورم	*baqmich olourum,*	j'aurai regardé.
باقمش اولورسن	*baqmich oloursen,*	tu auras regardé.
باقمش اولور	*baqmich olour,*	il aura regardé.
باقمش اولورز	*baqmich olourouz,*	nous aurons regardé.
باقمش اولورسز	*baqmich oloursiz,*	vous aurez regardé.
باقمش اولورلر	*baqmich olourler,*	ils auront regardé.

CONJUGAISON

Des Verbes terminés en مك. — *Des Verbes terminés en* مق.

FUTUR. *(Comme le Présent.)*

سورم	*severum,*	j'aimerai, &c.	باقرم ou بقرم	*baqarum,*	je regarderai, &c.

SECOND FUTUR.

سوجکم / سوجك ایم	*sevedjeghim,*	je dois aimer.	باججق ایم / باججغم	*baqadjadghim,*	je dois regarder.
سوجکسن	*sevedjeksen,*	tu dois aimer.	باججقسن	*baqadjaqsen,*	tu dois regarder.
سوجکدر	*sevedjektur,*	il doit aimer.	باججقدر	*baqadjaqtur,*	il doit regarder.
سوجکیز	*sevedjeghiz,*	nous devons aimer.	باججغیز	*baqadjaghiz,*	nous devons regarder.
سوجکسز	*sevedjeksiz,*	vous devez aimer.	باججقسز	*baqadjaqsiz,*	vous devez regarder.
سوجکلردر	*sevedjeklerdur,*	ils doivent aimer.	باججقلردر	*baqadjaqlerdur,*	ils doivent regarder.

TROISIÈME FUTUR.

سوملو ایم	*sevmelu im,*	j'aimerai *(nécessairement).*	باقملو ایم ou بقملو ایم	*baqmalu im,*	je regarderai *(nécessairement).*
سوملوسن	*sevmelu sen,*	tu aimeras.	باقملوسن	*baqmalu sen,*	tu regarderas.
سوملودر	*sevmelu dur,*	il aimera.	باقملودر	*baqmalu dur,*	il regardera.
سوملوایز	*sevmelu iz,*	nous aimerons.	باقملوایز	*baqmalu iz,*	nous regarderons.
سوملوسز	*sevmelu siz,*	vous aimerez.	باقملوسز	*baqmalu siz,*	vous regarderez.
سوملودرلر	*sevmelu durler,*	ils aimeront.	باقملودرلر	*baqmalu durler,*	ils regarderont.

IMPÉRATIF.

سو	*sev,*	aime.	باق ou بق	*baq,*	regarde.
سوسون	*sevsun,*	qu'il aime.	باقسون	*baqsun,*	qu'il regarde.
سولم	*sevelum,*	aimons.	باقەلم	*baqalum,*	regardons.
سوکز ou سوك	*seveñiz* ou *seveñ,*	aimez.	باقکز ou باقك	*baqeñiz* ou *baqeñ,*	regardez.
سوسونلر	*sevsunler,*	qu'ils aiment.	باقسونلر	*baqsunler,*	qu'ils regardent.

SUPPOSITIF.

PRÉSENT. *(Comme l'Imparfait de l'Indicatif.)*

سوردم	*severdum,*	j'aimerois, &c.	باقردم ou بقردم	*baqardum,*	je regarderois, &c.

PRÉTÉRIT. *(Terminé comme le Prétérit antérieur de l'Indicatif.)*

سور مشیدم	*severmichidum,*	j'aurois aimé, &c.	باقر مشیدم	*baqarmichidum,*	j'aurois regardé, &c.

SECOND PRÉTÉRIT *(peu usité).*

سومش اولوردم	*sevmich olourdum,*	j'aurois aimé.	باقمش اولوردم	*baqmich olourdum,*	j'aurois regardé.
سومش اولوردك	*sevmich olourduñ,*	tu aurois aimé.	باقمش اولوردك	*baqmich olourduñ,*	tu aurois regardé.
سومش اولوردی	*sevmich olourdi,*	il auroit aimé.	باقمش اولوردی	*baqmich olourdi,*	il auroit regardé.
سومش اولوردق	*sevmich olourduq,*	nous aurions aimé.	باقمش اولوردق	*baqmich olourduq,*	nous aurions regardé.
سومش اولوردکز	*sevmich olourdeñiz,*	vous auriez aimé.	باقمش اولوردکز	*baqmich olourdeñiz,*	vous auriez regardé.
سومش اولورلرایدی ou سومش اولوردیلر	*sevmich olourleridi* ou *sevmich olourdiler,*	ils auroient aimé.	باقمش اولورلرایدی ou باقمش اولوردیلر	*baqmich olourleridi* ou *baqmich oulourdiler,*	ils auroient regardé.

CONJUGAISON DES VERBES.

CONJUGAISON

Des Verbes terminés en مك. | *Des Verbes terminés en* مق.

OPTATIF.

PRÉSENT et FUTUR.

کاشکی *kiachki*, کشکه *kechkeh* ou بولايکی *boulaïki*, plaise à Dieu que	سوم	*sevem*, ou	j'aime.	کاشکی *kiachki*, کشکه *kechkeh* ou بولايکی *boulaïki*, plaise à Dieu que	باقم ou بقم	*baqam*, ou	je regarde.
	سوهم	*seveïm*,			باقهم	*baqaïm*,	
	سوهسن	*sevesen*,	tu aimes.		باقهسن	*baqasen*,	tu regardes.
	سوه	*seveh*,	il aime.		باقه	*baqah*,	il regarde.
	سوهيز	*seveïz*, ou	nous aimions.		باقهيز	*baqaïz*, ou	nous regardions.
	سوهوز	*seveouz*,			باقهوز	*baqaouz*,	
	سوهسز	*sevesiz*,	vous aimiez.		باقهسز	*baqasiz*,	vous regardiez.
	سوهلر	*seveler*,	ils aiment.		باقهلر	*baqaler*,	ils regardent.

IMPARFAIT.

کشکه *kechkeh* ou بولايکی *boulaïki*, plût à Dieu que	سويدم	*seveïdum*,	j'aimasse.	کشکه *kechkeh* ou بولايکی *boulaïki*, plût à Dieu que	باقيدم ou بقيدم	*baqaïdum*,	je regardasse.
	سويدك	*seveïduñ*,	tu aimasses.		باقيدك	*baqaïduñ*,	tu regardasses.
	سويدی	*seveïdi*,	il aimât.		باقيدی	*baqaïdi*,	il regardât.
	سويدك	*seveïduk*,	nous aimassions		باقيدق	*baqaïduq*,	nous regardassions.
	سويدکز	*seveïdiñiz*,	vous aimassiez.		باقيدکز	*baqaïdeñiz*,	vous regardassiez.
	سويديلر	*seveïdiler*, ou	ils aimassent.		باقيديلر	*baqaïdiler*, ou	ils regardassent.
	سوهلر ايدی	*seveleridi*,			باقهلر ايدی	*baqaleridi*,	

PRÉTÉRIT.

کشکه *kechkeh* ou بولايکی *boulaïki*, plaise à Dieu que	سومش اولام	*sevmich olam*,	j'aie aimé.	کشکه *kechkeh* ou بولايکی *boulaïki*, plaise à Dieu que	باقمش اولام	*baqmich olam*,	j'aie regardé.
	سومش اولاسن	*sevmich olasen*,	tu aies aimé.		باقمش اولاسن	*baqmich olasen*,	tu aies regardé.
	سومش اولا	*sevmich ola*,	il ait aimé.		باقمش اولا	*baqmich ola*,	il ait regardé.
	سومش اولاوز	*sevmich olaouz*,	nous ayons aimé.		باقمش اولاوز	*baqmich olaouz*,	nous ayons regardé.
	سومش اولاسز	*sevmich olasiz*,	vous ayez aimé.		باقمش اولاسز	*baqmich olasiz*,	vous ayez regardé.
	سومش اولالر	*sevmich olaler*,	ils aient aimé.		باقمش اولالر	*baqmich olaler*,	ils aient regardé.

PRÉTÉRIT ANTÉRIEUR.

کشکه *kechkeh* ou بولايکی *boulaïki*, plût à Dieu que	سومش اولايدم	*sevmich olaïdum*,	j'eusse aimé.	کشکه *kechkeh* ou بولايکی *boulaïki*, plût à Dieu que	باقمش اولايدم	*baqmich olaïdum*,	j'eusse regardé.
	سومش اولايدك	*sevmich olaïduñ*,	tu eusses aimé.		باقمش اولايدك	*baqmich olaïduñ*,	tu eusses regardé.
	سومش اولايدی	*sevmich olaïdi*,	il eût aimé.		باقمش اولايدی	*baqmich olaïdi*,	il eût regardé.
	سومش اولايدق	*sevmich olaïduq*,	nous eussions aimé.		باقمش اولايدق	*baqmich olaïduq*,	nous eussions regardé.
	سومش اولايدکز	*sevmich olaïdeñiz*,	vous eussiez aimé.		باقمش اولايدکز	*baqmich olaïdeñiz*,	vous eussiez regardé.
	سومش اولالر ايدی	*sevmich olaleridi* ou	ils eussent aimé.		باقمش اولالر ايدی	*baqmich olaleridi* ou	ils eussent regardé.
	سومش اولايديلر	*sevmich olaïdiler*,			باقمش اوليديلر	*baqmich olaïdiler*,	

SUBJONCTIF.

PRÉSENT.

اکر *eghier* ou *eïer*, si	سورايسم	*severissam* ou	j'aime.	اکر *eghier* ou *eïer*, si	باقرايسم	*baqarissam* ou	je regarde.
	سورسم	*seversam*,			باقرسم	*baqarsam*,	
	سورسك	*seversañ*,	tu aimes.		باقرسك	*baqarsañ*,	tu regardes.
	سورسه	*seversah*,	il aime.		باقرسه	*baqarsah*,	il regarde.
	سورسك	*seversak*,	nous aimons.		باقرسق	*baqarsaq*,	nous regardons.
	سورسکز	*seversañiz*,	vous aimez.		باقرسکز	*baqarsañiz*,	vous regardez.
	سورلرسه	*severlersah* ou	ils aiment.		باقرلرسه	*baqarlersah* ou	ils regardent.
	سورسه لر	*seversaler*,			باقرسه لر	*baqarsaler*,	

CONJUG

Des Verbes terminés en مك.

IMPARF

اکر *eghier* ou *eïer*, si	سوسم	*sevsam*,	j'aimois.
	سوسك	*sevseñ*,	tu aimois.
	سوسه	*sevsah*,	il aimoit.
	سوسك	*sevsek*,	nous aimions.
	سوسکز	*sevseñiz*,	vous aimiez.
	سوسه لر	*sevsaler*,	ils aimoient.

PRÉTÉR

اکر *eghier* ou *eïer*, si	سومش ايسم	*sevmich issam*,	j'ai aimé.
	سومش ايسك	*sevmich isseñ*,	tu as aimé.
	سومش ايسه	*sevmich issa*,	il a aimé.
	سومش ايسك	*sevmich issek*,	nous avons aimé.
	سومش ايسکز	*sevmich isseñiz*,	vous avez aimé.
	سومشلر ايسه	*sevmichler issa* ou	ils ont aimé.
	سومش ايسه لر	*sevmich issaler*,	

PRÉTÉRIT

اکر *eghier* ou *eïer*, si	سوسيدم	*sevsaïdum*,	j'avois aimé.
	سوسيدك	*sevsaïduñ*,	tu avois aimé.
	سوسيدی	*sevsaïdi*,	il avoit aimé.
	سوسيدك	*sevsaïduk*,	nous avions aimé.
	سوسيدکز	*sevsaïdeñiz*,	vous aviez aimé.
	سوسه لر ايدی	*sevsaleridi*,	ils avoient aimé.

2.e PRÉT

اکر *eghier* ou *eïer*, si	سومش اولسيدم	*sevmich olsaïdum*,	j'eusse aimé.
	سومش اولسيدك	*sevmich olsaïduñ*,	tu eusses aimé.
	سومش اولسيدی	*sevmich olsaïdi*,	il eût aimé.
	سومش اولسيدق	*sevmich olsaïduq*,	nous eussions aimé.
	سومش اولسيدکز	*sevmich olsaïdeñiz*,	vous eussiez aimé.
	سومش اولسه لر ايدی	*sevmich olsaleridi* ou	ils eussent
	سومش اولسه ايديلر	*sevmich olsaïdiler*,	

اکر *eghier* ou *eïer*, si	سومش اولورسم	*sevmich oloursam*,	j'aime.
	سومش اولورسك	*sevmich oloursañ*,	tu aimes.
	سومش اولورسه	*sevmich oloursah*,	il aime.
	سومش اولورسق	*sevmich oloursaq*,	nous aimo
	سومش اولورسکز	*sevmich oloursañiz*,	vous aimez
	سومش اولورلرسه	*sevmich olourlersah*,	il aiment.

CONJUGAISON

Des Verbes terminés en مق.

IMPARFAIT.

j'aimois.	اكر eghier ou eïer, si	باقسم ou بقسم	baqsam,	je regardois.
tu aimois.		باقسك	baqsañ,	tu regardois.
il aimoit.		باقسه	baqsah,	il regardoit.
nous aimions.		باقسق	baqsaq,	nous regardions.
vous aimiez.		باقسكز	baqsañiz,	vous regardiez.
ils aimoient.		باقسه‌لر	baqsaler,	ils regardoient.

PRÉTÉRIT.

j'ai aimé.	اكر eghier ou eïer, si	باقمش ايسم	baqmich issam,	j'ai regardé.
tu as aimé.		باقمش ايسك	baqmich isseñ,	tu as regardé.
il a aimé.		باقمش ايسه	baqmich issa,	il a regardé.
nous avons aimé.		باقمش ايسك	baqmich issek,	nous avons regardé.
vous avez aimé.		باقمش ايسكز	baqmich isseñiz,	vous avez regardé.
ils ont aimé.		باقمشلر ايسه ou باقمش ايسه‌لر	baqmichler issa ou baqmich issaler,	ils ont regardé.

PRÉTÉRIT ANTÉRIEUR.

j'avois aimé.	اكر eghier ou eïer, si	باقسيدم ou بقسيدم	baqsaïdum,	j'avois regardé.
tu avois aimé.		باقسيدك	baqsaïduñ,	tu avois regardé.
il avoit aimé.		باقسيدى	baqsaïdi,	il avoit regardé.
nous avions aimé.		باقسيدق	baqsaïduq,	nous avions regardé.
vous aviez aimé.		باقسيدكز	baqsaïdeñiz,	vous aviez regardé.
ils avoient aimé.		باقسه‌لر ايدى	baqsaleridi,	ils avoient regardé.

2.e PRÉTÉRIT ANTÉRIEUR.

dum, j'eusse aimé.	اكر eghier ou eïer, si	باقمش اولسيدم	baqmich olsaïdum,	j'eusse regardé.
iduñ, tu eusses aimé.		باقمش اولسيدك	baqmich olsaïduñ,	tu eusses regardé.
ïdi, il eût aimé.		باقمش اولسيدى	baqmich olsaïdi,	il eût regardé.
ïduq, nous eussions aimé.		باقمش اولسيدق	baqmich olsaïduq,	nous eussions regardé.
ïdeñiz, vous eussiez aimé.		باقمش اولسيدكز	baqmich olsaïdeñiz,	vous eussiez regardé.
aleridi ou ïdiler, ils eussent aimé.		باقمش اولسه‌لرايدى ou باقمش اولسه‌ايديلر	baqmich olsaleridi, ou baqmich olsaïdiler,	ils eussent regardé.

FUTUR.

oursam, j'aime.	اكر eghier ou eïer, si	باقمش اولورسم	baqmich oloursam,	je regarde.
oursañ, tu aimes.		باقمش اولورسك	baqmich oloursañ,	tu regardes.
oursah, il aime.		باقمش اولورسه	baqmich oloursah,	il regarde.
oursaq, nous aimons.		باقمش اولورسق	baqmich oloursaq,	nous regardons.
oursañiz, vous aimez.		باقمش اولورسكز	baqmich oloursañiz,	vous regardez.
ourlersah, il aiment.		باقمش اولورلرسه	baqmich olourlersah,	ils regardent.

CONJUGAISON

Des Verbes terminés en مك.			Des Verbes terminés en مق.		
INFINITIF (*déclinable*).					
سومك	sevmek,	aimer,	باقمق ou بقمق	baqmaq,	regarder.
PRÉTÉRIT.					
سومش اولمق	sevmich olmaq,	avoir aimé.	باقمش اولمق	baqmich olmaq,	avoir regardé.
PRÉTÉRIT ANTÉRIEUR.					
سودكدن اوّل ou سومزدن اوّل	sevdukten ewel ou sevmezden ewel,	avant d'avoir aimé.	باقدقدن اوّل ou باقمزدن اوّل	baqdukten ewel ou baqmazden ewel,	avant d'avoir regardé.
PRÉTÉRIT POSTÉRIEUR.					
سودكدن صكره	sevdukten soñrah,	après avoir aimé.	باقدقدن صكره	baqduqten soñrah,	après avoir regardé.
FUTUR (*peu usité*).					
سوجك اولمق	sevedjek olmaq,	devoir aimer.	باقجق اولمق	baqadjaq olmaq,	devoir regarder.
GÉRONDIFS.					
سوركن ou سورايكن	severken, ou sever iken,	en aimant.	بقركن ou باقرايكن	baqarken, ou baqar iken,	en regardant.
سوپ	sevup,	ayant aimé.	باقوپ	baqup,	ayant regardé.
سوه‌رك	severek,	en aimant (*sans cesse*).	باقه‌رق	baqaraq,	en regardant (*sans cesse*).
سونجه / سودكجه	sevindjeh, / sevduktcheh,	en aimant, tandis *ou* jusqu'à ce qu'on aime.	باقنجه / باقدقجه	baqindjeh, / baqduqtcheh,	en regardant, tandis *ou* jusqu'à ce qu'on regarde.
سودكده / سومكده / سومكيله	sevdukteh, / sevmekteh, / sevmeghileh,	en aimant *ou* tandis qu'on aime.	باقدقده / باقمقده / باقمغيله	baqduqteh, / baqmaqteh, / baqmaghileh,	en regardant *ou* tandis qu'on regarde.
PARTICIPES.					
PRÉSENT INDÉCLINABLE.					
سور	sever,	aimant.	باقر ou بقر	baqar,	regardant.
PRÉSENT DÉCLINABLE.					
سون	seven,	aimant.	باقن	baqan,	regardant.
PASSÉ INDÉCLINABLE.					
سومش	sevmich,	aimé.	باقمش ou بقمش	baqmich,	regardé.
PASSÉ DÉCLINABLE.					
سودك	sevduk,	aimé.	باقدق	baqtuq,	regardé.
FUTUR.					
سوجك ou سوه‌جك	sevedjek,	devant aimer.	بقجق ou باقه‌جق	baqadjaq,	devant regarder.
2.e FUTUR.					
سومه‌لو	sevmelu,	devant aimer (*nécessairement*).	باقمه‌لو	baqmalu,	devant regarder (*nécessairement*).

PARADIGME DE LA CONJUGAIS[ON]

CONJUGAISON

Des Verbes terminés en مك.			Des Verbes terminés en مق.		
		INDICATIF.			
		PRÉSENT.			
ايتمم	*etmem*,	je ne fais pas.	آلمم	*almam*,	je ne prends pas.
ايتمزسن	*etmezsen*,	tu ne fais pas.	آلمزسن	*almazsen*,	tu ne prends pas.
ايتمز	*etmez*,	il ne fait pas.	آلمز ou آلماز	*almaz*,	il ne prend pas.
ايتمزايز	*etmeziz*,	nous ne faisons pas.	آلمزايز	*almaziz*,	nous ne prenons pas.
ايتمزسز	*etmezsiz*,	vous ne faites pas.	آلمزسز	*almazsiz*,	vous ne prenez pas.
ايتمزلر	*etmezler*,	ils ne font pas.	آلمزلر	*almazler*,	ils ne prennent pas.
		SECOND PRÉSENT.			
ايتميورم	*etmeïurum*,	je ne fais pas (*actuellement*).	آلميورم	*almaïurum*,	je ne prends pas (*actuellement*).
ايتميورسن	*etmeïursen*,	tu ne fais pas.	آلميورسن	*almaïursen*,	tu ne prends pas.
ايتميور	*etmeïur*,	il ne fait pas.	آلميور	*almaïur*,	il ne prend pas.
ايتميورز	*etmeïuruz*,	nous ne faisons pas.	آلميورز	*almaïuruz*,	nous ne prenons pas.
ايتميور سز	*etmeïursiz*,	vous ne faites pas.	آلميور سز	*almaïursiz*,	vous ne prenez pas.
ايتميورلر	*etmeïurler*,	ils ne font pas.	آلميورلر	*almaïurler*,	ils ne prennent pas.
		IMPARFAIT.			
ايتمز ايدم ou ايتمزدم	*etmez idum*, ou *etmezdum*,	je ne faisois pas.	آلمز ايدم ou آلمزدم	*almaz idum*, ou *almazdum*,	je ne prenois pas.
ايتمزدڭ	*etmezduñ*,	tu ne faisois pas.	آلمزدڭ	*almazduñ*,	tu ne prenois pas.
ايتمزدي	*etmezdi*,	il ne faisoit pas.	آلمزدي	*almazdi*,	il ne prenoit pas.
ايتمزدك	*etmezduk*,	nous ne faisions pas.	آلمزدق	*almazduq*,	nous ne prenions pas.
ايتمزدڭز	*etmezdeñiz*,	vous ne faisiez pas.	آلمزدڭز	*almazdeñiz*,	vous ne preniez pas.
ايتمزلردي ou ايتمز ايديلر	*etmezlerdi*, ou *etmez idiler*,	ils ne faisoient pas.	آلمزلردي ou آلمز ايديلر	*almazlerdi*, ou *almaz idiler*,	ils ne prenoient pas.
		SECOND IMPARFAIT (*peu usité*).			
ايتميوردم	*etmeïurdum*,	je ne faisois pas (*alors que*).	آلميوردم	*almaïurdum*,	je ne prenois pas (*alors que*).
ايتميوردڭ	*etmeïurduñ*,	tu ne faisois pas.	آلميوردڭ	*almaïurduñ*,	tu ne prenois pas.
ايتميوردي	*etmeïurdi*	il ne faisoit pas.	آلميوردي	*almaïurdi*,	il ne prenoit pas.
ايتميوردك	*etmeïurduk*,	nous ne faisions pas.	آلميوردق	*almaïurduq*,	nous ne prenions pas.
ايتميور دڭز	*etmeïurdeñiz*,	vous ne faisiez pas.	آلميوردڭز	*almaïurdeñiz*,	vous ne preniez pas.
ايتميور ديلر	*etmeïurdiler*,	ils ne faisoient pas.	آلميورديلر	*almaïurdiler*,	ils ne prenoient pas.
		TROISIÈME IMPARFAIT.			
ايتمز ايمشم	*etmez imichem*,	je ne faisois pas.	آلمز ايمشم	*almaz imichem*,	je ne prenois pas.
ايتمز ايمشسن	*etmez imichsen*,	tu ne faisois pas.	آلمز ايمشسن	*almaz imich sen*,	tu ne prenois pas.
ايتمز ايمش	*etmez imich*,	il ne faisoit pas.	آلمز ايمش	*almaz imich*,	il ne prenoit pas.
ايتمز ايمشز	*etmez imichiz*,	nous ne faisions pas.	آلمز ايمشز	*almaz imichiz*,	nous ne prenions pas.
ايتمز ايمشسز	*etmez imichsiz*,	vous ne faisiez pas.	آلمز ايمشسز	*almaz imichsiz*,	vous ne preniez pas.
ايتمز ايمشلر ou ايتمزلر ايمش	*etmez imichler* ou *etmezler imich*,	ils ne faisoient pas.	آلمز ايمشلر ou آلمزلر ايمش	*almaz imichler* ou *almazler imich*,	ils ne prenoient pas.
		PRÉTÉRIT.			
ايتمدم	*etmedum*,	je ne fis pas.	آلمدم	*almadum*,	je ne pris pas.
ايتمدڭ	*etmeduñ*,	tu ne fis pas.	آلمدڭ	*almaduñ*,	tu ne pris pas.
ايتمدي	*etmedi*,	il ne fit pas.	آلمدي	*almadi*,	il ne prit pas.
ايتمدك	*etmeduk*,	nous ne fîmes pas.	آلمدق	*almaduq*,	nous ne prîmes pas.
ايتمدڭز	*etmediñiz*,	vous ne fîtes pas.	آلمدڭز	*almadiñiz*,	vous ne prîtes pas.
ايتمديلر	*etmediler*,	ils ne firent pas.	آلمديلر	*almadiler*,	ils ne prirent pas.
		SECOND PRÉTÉRIT.			
ايتممشم	*etmemichem*,	je n'ai point fait.	آلممشم	*almamichem*,	je n'ai point pris.
ايتممشسن	*etmemichsen*,	tu n'as point fait.	آلممشسن	*almamichsen*,	tu n'as point pris.
ايتممشدر ou ايتممش	*etmemichdur* ou *etmemich*,	il n'a point fait.	آلممشدر ou آلممش	*almamichdur* ou *almamich*,	il n'a point pris.
ايتممشز	*etmemichiz*,	nous n'avons point fait.	آلممشز	*almamichiz*,	nous n'avons point pris.
ايتممشسز	*etmemichsiz*,	vous n'avez point fait.	آلممشسز	*almamichsiz*,	vous n'avez point pris.
ايتممشلر	*etmemichler*,	ils n'ont point fait.	آلممشلر	*almamichler*,	ils n'ont point pris.

كاشكي *kiachki*, كشكه *kechkeh*, ou بولايكي *boulaïki*, plaise à Dieu que

CONJUGAISON

Des Verbes terminés en مك.

		TROISIÈME PRÉTÉRIT (*terminé par le prétérit du verbe […]*)
ايتممش اولدم	*etmemich oldum*,	je n'ai pas fait, &c.
		PRÉTÉRIT ANTÉRIEUR (*terminé par l'imparfait du verbe […]*)
ايتممش ايدم ou ايتممشدم	*etmemich idum*, ou *etmemichdum*	je n'avois pas fait, &c.
		PRÉTÉRIT POSTÉRIEUR (*terminé par le futur du verbe […]*)
ايتممش اولورم	*etmemich olouroum*,	je n'aurai pas fait, &c.
		FUTUR (*comme le présent*).
ايتمم	*etmem*,	je ne ferai pas, &c.
		SECOND FUTUR.
ايتميه جكم	*etmeïedjeghim*,	je ne ferai pas.
ايتميه جكسن	*etmeïedjeksen*,	tu ne feras pas.
ايتميه جكدر ou ايتميه جك	*etmeïedjekdur* ou *etmeïedjek*,	il ne fera pas.
ايتميه جكز	*etmeïedjeghiz*,	nous ne ferons pas.
ايتميه جكسز	*etmeïedjeksiz*,	vous ne ferez pas.
ايتميه جكلردر ou ايتميه جكلر	*etmeïedjeklerdur* ou *etmeïedjekler*,	ils ne feront pas.
		TROISIÈME FUTUR.
ايتمملوايم	*etmemelu im*,	je ne ferai pas (*absolument*).
ايتمملوسن	*etmemelu sen*,	tu ne feras pas.
ايتمملودر ou ايتمملو	*etmemelu dur* ou *etmemelu*,	il ne fera pas.
ايتمملوايز	*etmemelu iz*,	nous ne ferons pas.
ايتمملوسز	*etmemelu siz*,	vous ne ferez pas.
ايتمملو درلر ou ايتمملو	*etmemelu durler* ou *etmemelu*,	ils ne feront pas.
		IMPÉRATIF.
ايتمه	*etmeh*,	ne fais pas.
ايتمسون	*etmesun*,	qu'il ne fasse pas.
ايتميه لم	*etmeïelum*,	ne faisons pas.
ايتمڭز ou ايتمڭ	*etmeñiz* ou *etmeñ*,	ne faites pas.
ايتمه سونلر	*etmesunler*,	qu'ils ne fassent pas.
		SUPPOSITIF.
		PRÉSENT (*comme l'imparfait de l'indi[catif]*)
ايتمزدم	*etmezdum*,	je ne ferois pas, &c.
		PRÉTÉRIT (*terminé comme le prétérit antérieur*)
ايتمز مشيدم	*etmez michidum*,	je n'aurois pas fait, &c.
		SECOND PRÉTÉRIT (*peu usité*)
ايتممش اولوردم	*etmemich olourdum*,	je n'aurois pas fait, &c.
		OPTATIF.
		PRÉSENT ET FUTUR.
ايتميم	*etmeïm*,	je ne fasse pas.
ايتميه سن	*etmeïesen*,	tu ne fasses pas.
ايتميه	*etmeïeh*,	il ne fasse pas.
ايتميه يز	*etmeïeiz*,	nous ne fassions pas.
ايتميه سز	*etmeïesiz*,	vous ne fassiez pas.
ايتميه لر	*etmeïeler*,	ils ne fassent pas.

كاشكي *kiachki*, كشكه *kechkeh*, ou بولايكي *boulaïki*, plaise à Dieu que

CONJUGAISON DES VERBES NÉGATIFS.

CONJUGAISON

Des Verbes terminés en موق.

(terminé par le prétérit du substantif).			
fait, &c.	المامش اولدم	*almamich oldum,*	je n'ai pas pris, &c.
(terminé par l'imparfait du substantif).			
pas fait,	المامش ايدم ou المامشدم	*almamich idum,* ou *almamichdum*	je n'avois pas pris, &c.
(terminé par le futur du substantif).			
pas fait,	المامش اولورم	*almamich olourum,*	je n'aurai pas pris, &c.
FUTUR *(comme le présent).*			
pas, &c.	المم	*almam,*	je ne prendrai pas, &c.
SECOND FUTUR.			
pas.	الميه جغم	*almaïadjaghim,*	je ne prendrai pas.
pas.	الميه جقسن	*almaïadjaqsen,*	tu ne prendras pas.
	الميه جقدر ou الميه جق	*almaïadjaqdur* ou *almaïadjaq,*	il ne prendra pas.
nous pas.	الميه جغز	*almaïadjaghiz,*	nous ne prendrons pas.
ez pas.	الميه جقسز	*almaïadjaqsiz,*	vous ne prendrez pas.
pas.	الميه جقلردر ou الميه جقلر	*almaïadjaqlerdur* ou *almaïadjaqler,*	ils ne prendront pas.
TROISIÈME FUTUR.			
(abso-	المملويم	*almamalu im,*	je ne prendrai pas *(absolument).*
	المملوسن	*almamalu sen,*	tu ne prendras pas.
	المملودر ou المملو	*almamalu dur* ou *almamalu,*	il ne prendra pas.
	المملويز	*almamalu iz,*	nous ne prendrons pas.
	المملوسز	*almamalu siz,*	vous ne prendrez pas.
	المملو درلر ou المملو	*almamalu durler* ou *almamalu,*	ils ne prendront pas.
IMPÉRATIF.			
	اله	*almah,*	ne prends pas.
	المسون	*almasun,*	qu'il ne prenne pas.
	الميه لم	*almaïalum,*	ne prenons pas.
	المكز ou الملك	*almañiz* ou *almañ,*	ne prenez pas.
	المسونلر	*almasunler,*	qu'ils ne prennent pas.
POSITIF. *(imparfait de l'indicatif).*			
	المزدم	*almazdum,*	je ne prendrois pas, &c.
(prétérit antérieur de l'indicatif).			
	المز ميشدم	*almaz michidum,*	je n'aurois pas pris, &c.
(peu usité).			
	المامش اولوردم	*almamich olourdum,*	je n'aurois pas pris, &c.
IF. FUTUR.			
كاشكي chki, كشكه keh, ou بولايكي iiki, ise Dieu le	الميم	*almaïm,*	je ne prenne pas.
	الميه سن	*almaïasen,*	tu ne prennes pas.
	الميه	*almaïah,*	il ne prenne pas.
	الميه يز	*almaïaiz,*	nous ne prenions pas.
	الميه سز	*almaïasiz,*	vous ne preniez pas.
	الميه لر	*almaïaler,*	ils ne prennent pas.

CONJUGAISON

	Des Verbes terminés en مك.				Des Verbes terminés en موق.		
IMPARFAIT.							
كاشكي *kiachki,* كشكه *kechkeh,* ou بولايكي *boulaïki,* plût à Dieu que	ايتميه ايدم	*etmeïeïdum,*	je ne fisse pas.	كاشكي *kiachki,* كشكه *kechkeh,* ou بولايكي *boulaïki,* plût à Dieu que	الميه يدم	*almaïaïdum,*	je ne prisse pas.
	ايتميه يدك	*etmeïeïduñ,*	tu ne fisses pas.		الميه يدك	*almaïaïduñ,*	tu ne prisses pas.
	ايتميه يدى	*etmeïeïdi,*	il ne fît pas.		الميه يدى	*almaïaïdi,*	il ne prît pas.
	ايتميه يدك	*etmeïeïduk,*	nous ne fissions pas.		الميه يدق	*almaïaïduq,*	nous ne prissions pas.
	ايتميه يدكز	*etmeïeïdeñiz,*	vous ne fissiez pas.		الميه يدكز	*almaïaïdeñiz,*	vous ne prissiez pas.
	ايتميه يديلر	*etmeïeïdiler,*	ils ne fissent pas.		الميه يديلر	*almaïaïdiler,*	ils ne prissent pas.
PRÉTÉRIT.							
	ايتممش اولام	*etmemich olam,*	je n'eusse pas fait, &c.		المامش اولام	*almamich olam,*	je n'eusse pas pris, &c.
PRÉTÉRIT ANTÉRIEUR.							
	ايتممش اولايدم	*etmemich olaïdum,*	je n'eusse pas fait, &c.		المامش اولايدم	*almamich olaïdum,*	je n'eusse pas pris, &c.
SUBJONCTIF. PRÉSENT.							
اكر *eghier,* ou *eier,* si	ايتمز ايسم	*etmez issam,*	je ne fais pas, &c.	اكر *eghier,* ou *eier,* si	المز ايسم	*almaz issam,*	je ne prends pas, &c.
IMPARFAIT.							
	ايتمسم	*etmessam,*	je ne faisois pas.		المسم	*almassam,*	je ne prenois pas.
	ايتمسك	*etmessañ,*	tu ne faisois pas,		المسك	*almassañ,*	tu ne prenois pas.
	ايتمسه	*etmessa,*	il ne faisoit pas.		المسه	*almassa,*	il ne prenoit pas.
	ايتمسك	*etmessak,*	nous ne faisions pas.		المسق	*almassaq,*	nous ne prenions pas.
	ايتمسكز	*etmesseñiz,*	vous ne faisiez pas.		المسكز	*almasseñiz,*	vous ne preniez pas.
	ايتمسه لر	*etmessaler,*	ils ne faisoient pas.		المسه لر	*almassaler,*	ils ne prenoient pas.
PRÉTÉRIT.							
	ايتممش ايسم	*etmemich issam,*	je n'ai pas fait, &c.		المامش ايسم	*almamich issam,*	je n'ai pas pris, &c.
PRÉTÉRIT ANTÉRIEUR.							
	ايتمسيدم	*etmessaïdum,*	je n'avois pas fait, &c.		المسيدم	*almassaïdum,*	je n'avois pas pris, &c.
SECOND PRÉTÉRIT ANTÉRIEUR.							
	ايتممش اولسيدم	*etmemich olsaïdum,*	je n'eusse pas fait, &c.		المامش اولسيدم	*almamich olsaïdum,*	je n'eusse pas pris, &c.
FUTUR.							
	ايتممش اولورسم	*etmemich oloursam,*	je ne fais pas, &c.		المامش اولورسم	*almamich oloursam,*	je ne prends pas, &c.
INFINITIF.							
	ايتممك	*etmemek,*	ne pas faire.		الممق	*almamaq,*	ne pas prendre.
GÉRONDIFS.							
	ايتمز ايكن	*etmez iken,*	en ne faisant pas.		المز ايكن	*almaz iken,*	en ne prenant pas.
	ايتميوب	*etmeïup,*	n'ayant pas fait.		الميوب	*almaïup,*	n'ayant pas pris.
	ايتميه رك	*etmeïerek,*	en ne faisant pas.		الميه رق	*almaïaraq,*	en ne prenant pas.
	ايتميجه	*etmeïndjeh,*			الميجه	*almaïndjeh,*	
	ايتمدكجه	*etmeduktcheh,*			المدقجه	*almaduqtcheh,*	
	ايتمدكده	*etmedukteh,*			المدقده	*almaduqteh,*	
	ايتممكده	*etmemekteh,*			الممقده	*almamaqteh,*	
	ايتممكيله	*etmemeghileh,*			الممغيله	*almamaghileh,*	
PARTICIPES. PRÉSENT INDÉCLINABLE.							
	ايتمز	*etmez,*	ne faisant pas.		المز ou الماز	*almaz,*	ne prenant pas.
PRÉSENT DÉCLINABLE.							
	ايتمين	*etmeïen,*	ne faisant pas.		الميان ou الميں	*almaïan,*	ne prenant pas.
PASSÉ INDÉCLINABLE.							
	ايتممش	*etmemich,*	non fait.		المامش	*almamich,*	non pris.
PASSÉ DÉCLINABLE.							
	ايتمدك	*etmeduk,*	non fait.		المدق	*almaduq,*	non pris.
FUTUR.							
	ايتميه جك	*etmeïedjek,*	ne devant pas faire.		الميه جق	*almaïadjaq,*	ne devant pas prendre.
SECOND FUTUR.							
	ايتملو	*etmemelu,*	ne devant pas faire *(absolument).*		المملو	*almamalu,*	ne devant pas prendre *(absolument).*

Alphabet Turk

ا ب پ ت ث ج چ ح خ د ذ

ر ز ژ س ش ص ض ط ظ ع

ر ز س ش ص ض ط ظ ع

غ ف ق ك ل م ن ه و لا ي

Litho. par T. X. Bianchi. — Imp.ie de C. Motte, R. des marais

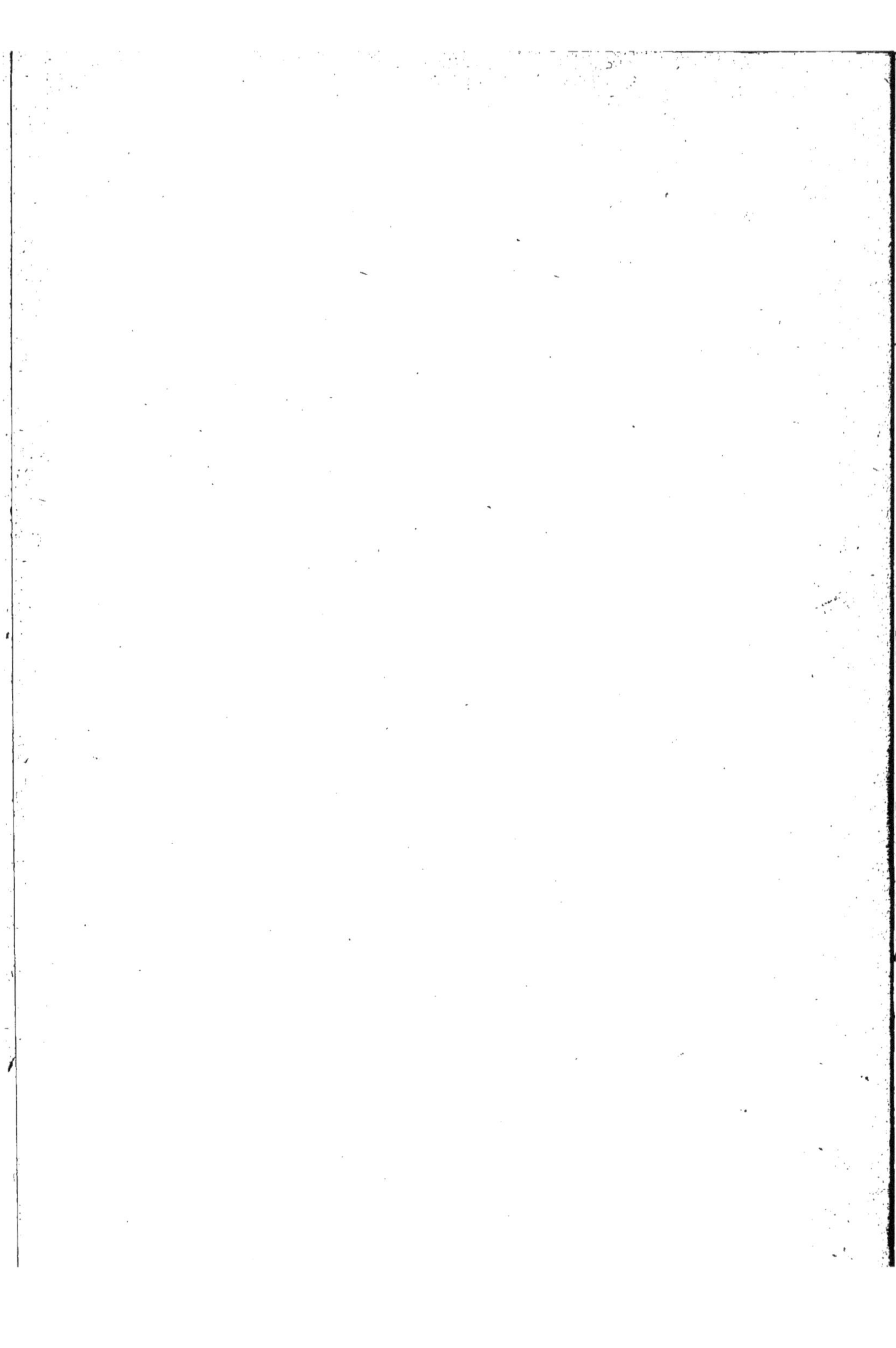

بسم الله الرحمن الرحيم وبه ثقتي

ابجد هوز حطي كلمن سعفص قرشت ثخذ

ابجد هوز حطي كلمن سعفص قرشت ثخذ

ضظغ لا فتبارك الله احسن الخالقين

Litho.e par T. X. Bianchi.

Imp.ie de C. Motte, rue des Marais.

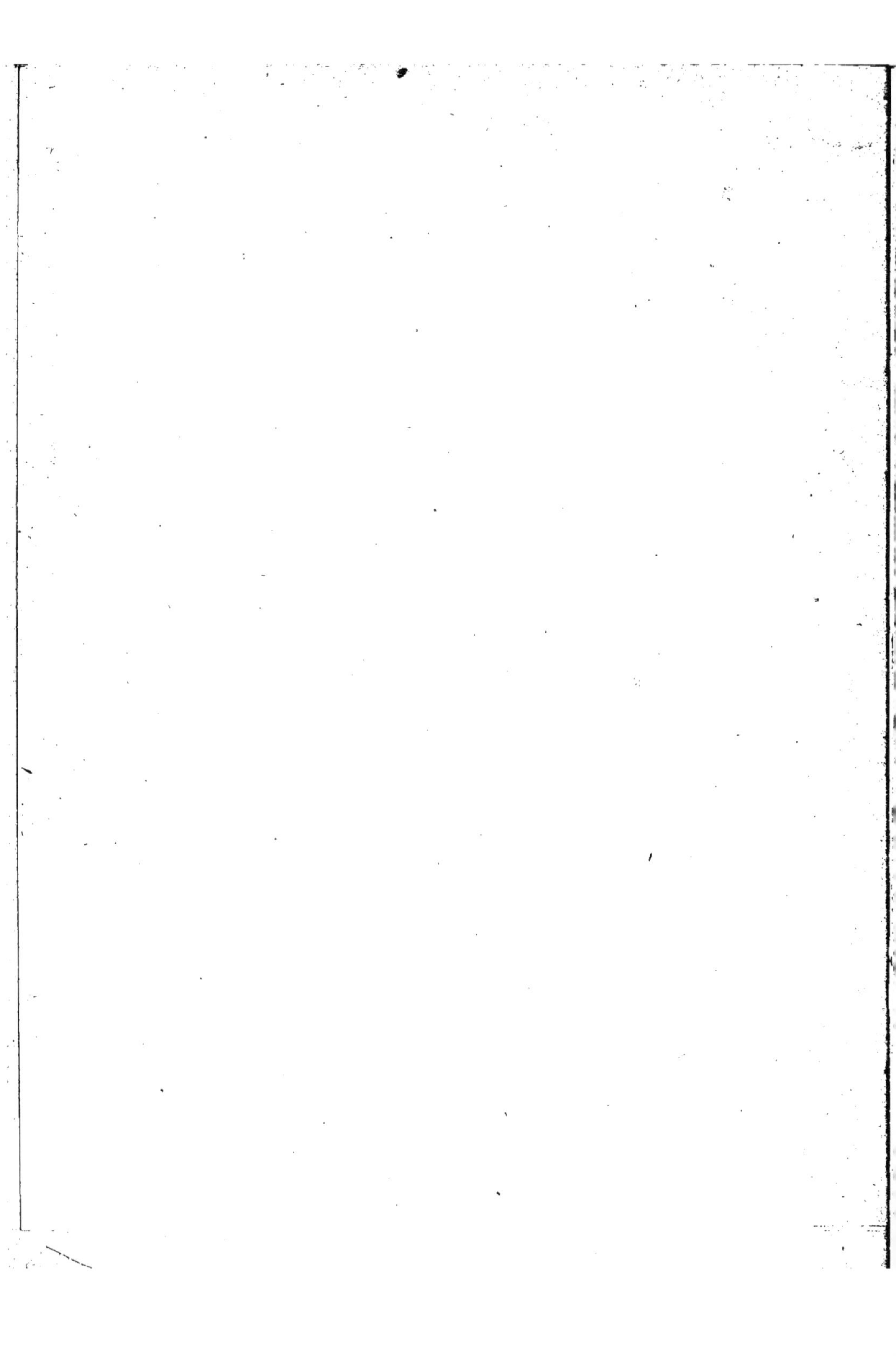

Pl. 3.

Alphabet harmonique
Uïgour et Turk.

	Initiales.	Médiales.	Finales.	Lettres Turkes Correspondantes.
1				ا
2				ب پ ف
3				ت ط
4				ج چ
5				خ ق
6				د
7				ر
				ز

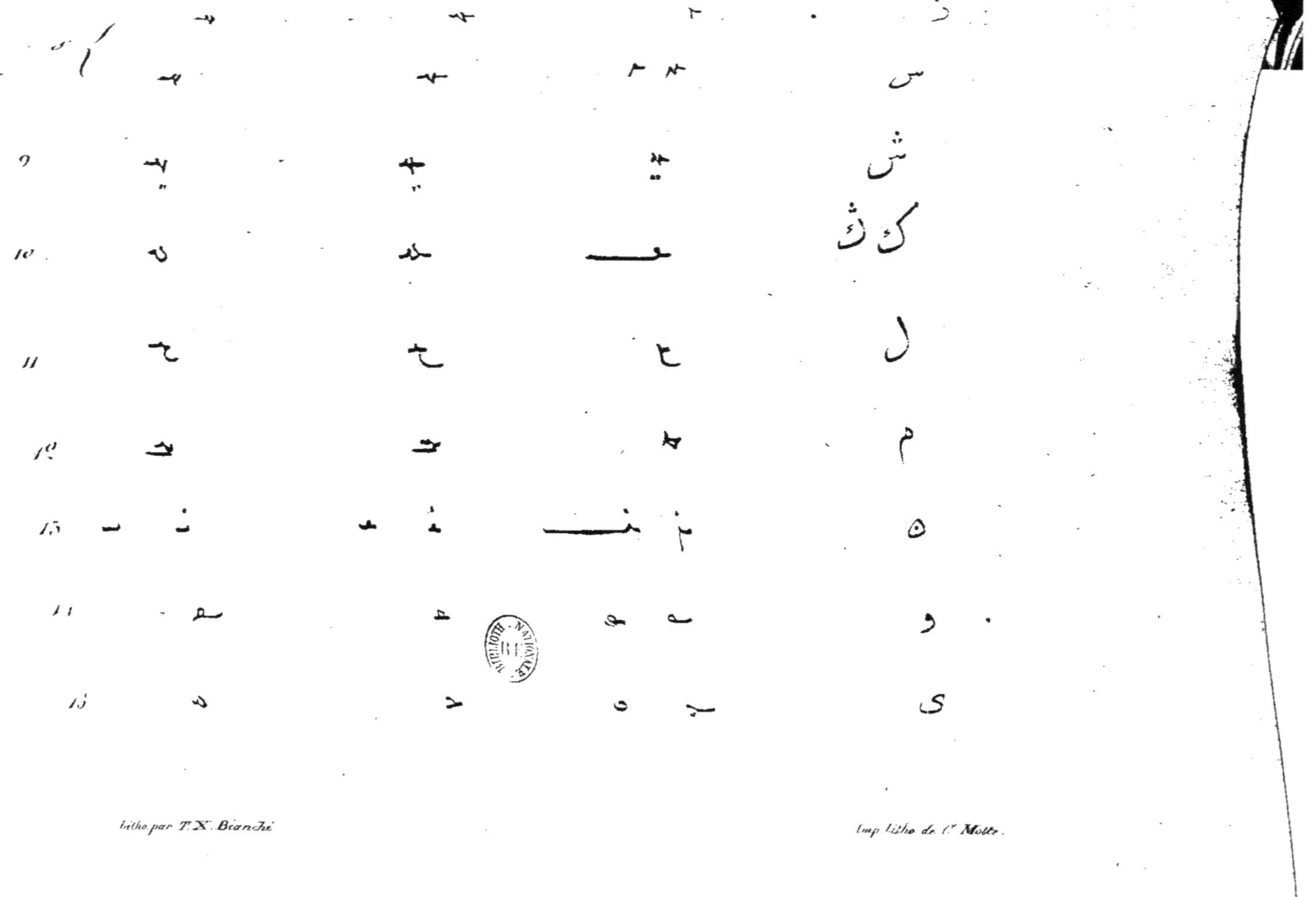

Litho par T.X. Bianchi

Imp. litho de C. Motte.

Extrait du Mi'radj ;

Texte en caractères ouïgours.

N° 1.

Transcription turke.

آنده اشوپ بیر کوشك کوردوم اول کوشك اوده سینده بیر کیشی کوردوم بویی

طونلوق کیقی آردی اینك قاتنده خلایق کوپ آردی من ایدیم بو نه کیشی دوروور طاپ
جبرایل آیدوی بو موسی پیغمبر دوروور علیه السلام من واروب سلام قیلدیم موسی سلام جوابنی
ویروپ آیدی یا محمّد خوش کلدیك صفالر کلدردك طاپ جبرایل مڭا ایدوی یوروکیل یوقاری اشغیل

Extrait du Tezkere't Eulia . N°2.

ایمدی بیز بو کتاب نی مختصر قیلدق اینك
اوچوه کیم سوز نی مختصر قیلمق لیق سنّت ینه بو کتاب نی مصنّف بیر
نیجه صواب لر اوچونجع قیلدی اوّل صواب اول کیم بیر نیجه یاراه لر
درخواست قیلور اردی کیم بیز غه مشایخ لر سوزی ده بیر کتاب کرد طاپ ینه
ایکنجی صواب اول کیم بو کتاب یادکار قیلسوه دخی اوقیقاه کیشی لر بیز نی العیش ده
بیله یاد قیلسه شاید کیم بیر مؤمن قول ینك دعا سی غه اوجرقای بیر
تکری تعالی انلر ینك دعا سی ویرکونی ده بیز غه رحمت قیلوب یاسق لریز
ی عفو قیلغه

Litho. par T. X. Bianchi.

Gramp.

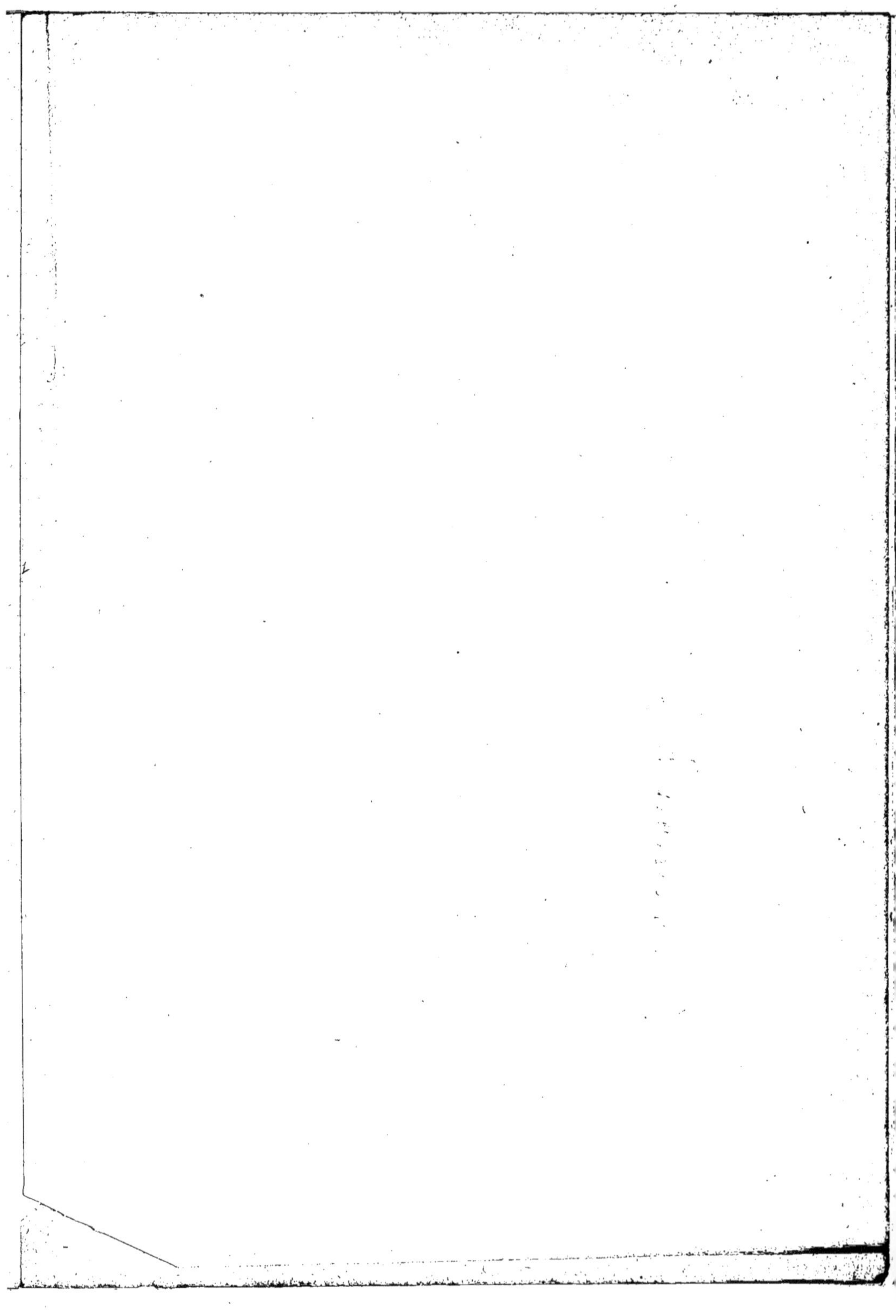

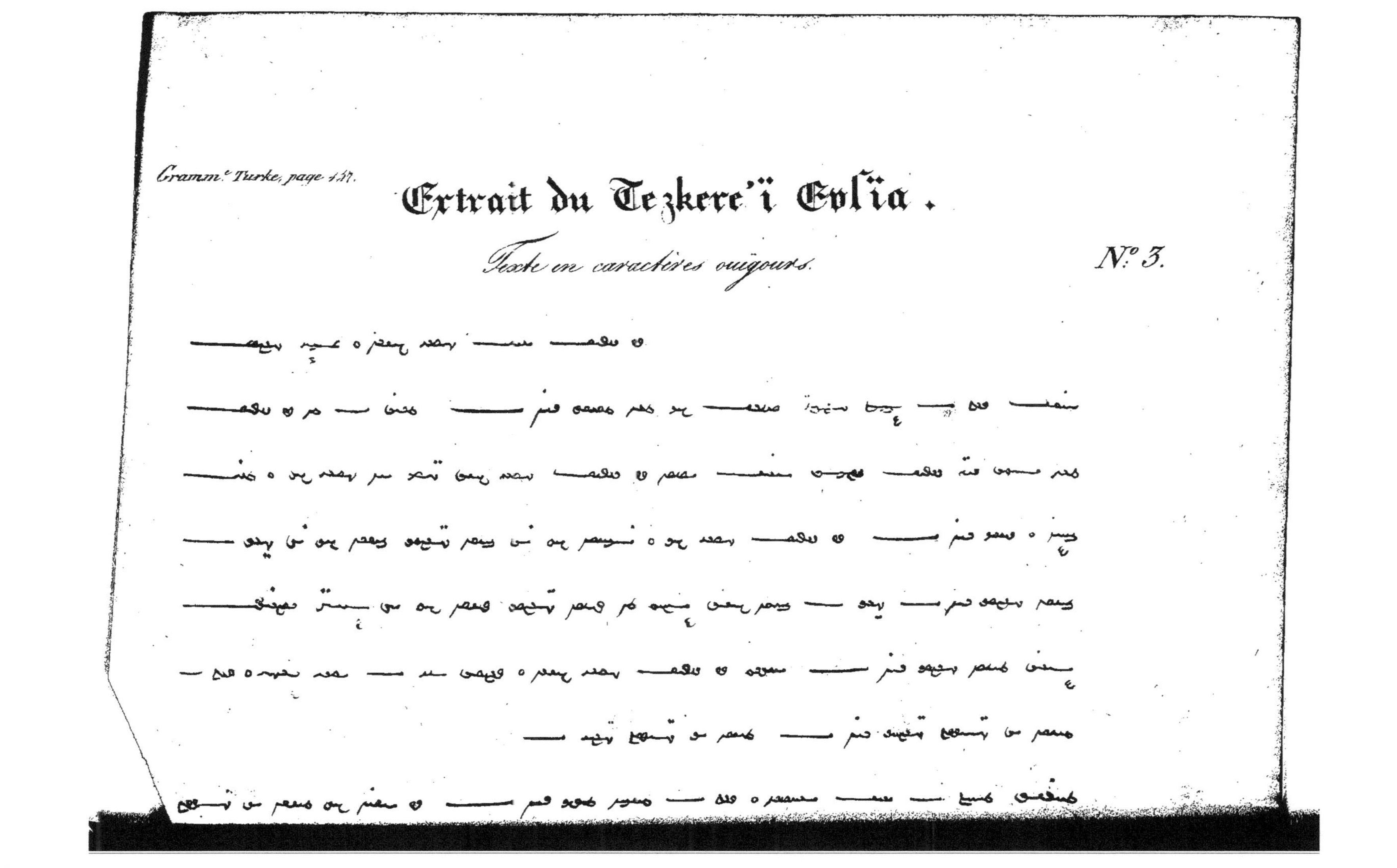

Extrait du Tezkere'i Evlïa.

Texte en caractères ouïgours.

N.° 3.

Transcription turke.

بو کتابنك سوزلری جمع قیلوب اینك بیله عمل قیلمق واجبلرده دورور ینه دنیاده

بو کتابده یخشیرق کتاب بولماز اینك اوچوه بو کتاب سوزلری قرآن سوزلریده معنی دیرور

ینه بو کتاب سوزلری نامرد لری مرد قیلور مرضلرینی شفا مرض قیلور ینه شفا مرضلرینی عالمده

فرض قیلور فرضلرینی حقّ یولنده عاصی دورد قیلور ینه هرکیم بو کتاب سوزلرینی بیلدی اکا یوز عزت

بیله دردی قبول قیلور ینه دردی قبول قیلسه تنکری تعالی نینك عنایتی بیله درماه طاپر ینه بو

آرانلر دردی قبول قیلاه اوزوه درماه طاپوپ اولیا مرتبه غه یترلر

Imp: Litho: de C. Motte.   Lith. par T. X. Bianchi.

Grams

www.ingramcontent.com/pod-product-compliance
Ingram Content Group UK Ltd.
Pitfield, Milton Keynes, MK11 3LW, UK
UKHW021208140726
13695UKWH00002B/420